Lioba Gunkel OSB
»Ich bin die Wahrheit«
Joh 14,6

Lioba Gunkel OSB

»Ich bin die Wahrheit«

Joh 14,6

Meditationen
zu den Evangelien
der Sonn- und Festtage
Lesejahr B

Band 1

Weihnachts- und Osterfestkreis

benno
VERLAG

Die Deutsche Bibliothek – CIP-Einheitsaufnahme

Gunkel, Lioba:
»Ich bin die Wahrheit«, Joh 14,6: Meditationen zu den
Evangelien der Sonn- und Festtage, Lesejahr B;
Bd. I, Weihnachts- und Osterfestkreis,
Lioba Gunkel. – Leipzig: Benno-Verlag, 2002
ISBN 3-7462-1543-9

Umschlaggestaltung: Ulrike Vetter, Leipzig
Herstellung: Kontext – Verlagsherstellung, Lemsel
Printed in the Czech Republic

Vorwort

Die folgenden Meditationen wollen jeweils einen Gedanken aus dem Sonntags-Evangelium erhellen. Die Evangelienauswahl richtet sich nach der Leseordnung der katholischen Kirche.

Für LeserInnen, die unabhängig von der Leseordnung an den Texten interessiert sind, befindet sich im Anhang ein Schriftstellenverzeichnis.

Ich stellte auch Verbindungen zu unserer Ordensregel her. „Da sich die Benediktusregel auf die Bibel stützt und von ihrem Geist erfüllt ist, nimmt sie auch in besonderer Weise an der überzeitlichen Wirkkraft des Gotteswortes teil. Die Verbindung zur Heiligen Schrift hat die Regel Benedikts zu jenem guten, gesunden Brot gemacht, zu dem in allen Jahrhunderten bis auf unsere Tage die Menschen gegriffen haben, um Kraft für ein christliches Leben zu finden." (Pawlowsky OSB)

Benedikt hatte, als er die Lebensgestaltung nach dem Evangelium aufzeigte, Mönche im Blick. Frauenklöster entstanden erst viel später.

Wir Benediktinerinnen der Abtei St. Gertrud haben die ursprüngliche Art der Anrede im Umgang mit der Benediktusregel beibehalten und wissen uns ebenso angesprochen, denn „Ob Mann oder Frau, wir alle sind ‚einer' in Christus". (vgl. Gal 3,28)

Auch ich hielt mich in den Betrachtungen an die traditionelle Form.

Die abschließenden Psalmengebete und Lieder wollen zum persönlichen Gespräch mit unserem Herrn Jesus Christus überleiten – mit ihm, der Weg, Wahrheit und Leben ist.

Lioba Gunkel OSB
Abtei St. Gertrud, Alexanderdorf,

1. Adventssonntag

Evangelium: Mk 13,33-37

Jesus sprach: Seht euch vor und bleibt wach! Denn ihr wisst nicht, wann die Zeit da ist. Es ist wie mit einem Mann, der sein Haus verließ, um auf Reisen zu gehen: Er übertrug alle Verantwortung seinen Dienern, jedem eine bestimmte Aufgabe: dem Türhüter befahl er wachsam zu sein. Seid also wachsam! Denn ihr wisst nicht, wann der Hausherr kommt, ob am Abend oder um Mitternacht, ob beim Hahnenschrei oder erst am Morgen. Er soll euch, wenn er plötzlich kommt, nicht schlafend antreffen! Was ich aber euch sage, das sage ich allen: Seid wachsam!

Was ich aber euch sage, das sage ich allen: Seid wachsam!

Unser Leben ist einerseits von bestimmten Rhythmen geprägt, so auch der normale Alltag; andererseits kann uns Plötzliches, Unvorhersehbares überraschen: Kleine Ereignisse durchkreuzen den Tagesplan – größere reißen uns aus dem gewohnten Gleichmaß heraus.

Öfter stellen sich durch Unvermutetes Pflichtenkollisionen ein; hier kann es hilfreich sein, wenn man sich:

- durch Unerwartetes nicht erschrecken lässt – etwas Abstand gewinnt, sofern es verwirrende Kraft hat;
- sich fragt: Was geht hier vor? Wie wichtig ist es? Für wen ist es wichtiger? – Dadurch gewinnt man innere Freiheit.

Zur richtigen Entscheidung gehören aber außer der inneren Freiheit auch die Tugenden der Klugheit, Gerechtigkeit, Tapferkeit sowie das rechte Maß; denn einerseits ist es verfehlt, in diesen Situationen im Gewohnten zu verharren, andererseits kann bedingungsloses Nachgeben inneres Zerfließen bewirken.

Richtige Entscheidung ist aber nur möglich, wenn sie auf ein Ziel ausgerichtet ist.[1]

Das Ziel für Christen ist der wiederkommende Herr – und die ersehnte Vereinigung mit ihm. Auf ihn ausgerichtet sein, heißt: Wachsam sein!

---

1 Gedanken aus einem Vortrag von Athanasius Polag OSB, Huysburg

Wachsamkeit gehört zu den Tugenden; diese sind nicht angeboren. Sie sind als verlässliche Verhaltensweisen täglich in kleinen Schritten einzuüben, z. B. in der Frage: Auf welche Weise kommt jetzt der Herr auf mich zu, was erwartet er von mir?

Die Antwort dürfen wir in der inneren Zwiesprache mit ihm finden, im Gebet. Darin kann der Gottesgeist uns erleuchten, stärken und in die rechte, situationsgemäße Freiheit führen.

Deshalb ermahnt der Apostel Paulus seine Gemeinde: „Betet jederzeit im Geist; seid wachsam, harrt aus!" (Eph 6,18)

Auch Benedikt ordnet Nachtwachen an; denn die Vigilfeiern – die nächtlichen Gottesdienste – sind eine konkrete Verwirklichung der christlichen Wachsamkeit und eine Nachahmung dessen, was Christus getan hat, indem er in der Nacht betete.

Hinsichtlich der nächtlichen Gottesdienste soll der Abt aber klug und maßvoll vorgehen. Benedikt schreibt:

„Die Ordnung der Vigilien bleibt an allen Sonntagen gleich, im Sommer wie im Winter. Wenn man aber zu spät aufsteht, was ferne sei, werden Lesungen und Antwortgesänge gekürzt. Doch sorge man auf jede Weise dafür, dass es nicht vorkommt." (RB Kap. 11)

Benedikts Klugheit rechnet also mit menschlichen Schwächen. Treten sie ans Tageslicht, so sind die Schwächen der Ausgangspunkt für jetzt anstehende Verhaltensweisen, nicht die abstrakte Regel. Von hier aus ist, im **Sinn** der Regel, das rechte Maß zu finden.

Unter diesem Gesichtspunkt beauftragt Benedikt den Abt, den Vater des Klosters, auch die Wegweisungen seiner Regel grundsätzlich den Lebensumständen der Mönche anzupassen.

Daher ist es verständlich, dass die Gebetszeiten der Wachsamkeit in vielen Klöstern nicht nachts, sondern abends oder am Tage stattfinden können.

Das Gewicht liegt ja auf der Einübung der Wachsamkeit im Hinblick auf den kommenden Herrn. Zum Üben brauchen wir – wie auch in profanen Lebensbereichen – immer wieder ausschließliche Zeiten.

Christen, die sich um innere Wachsamkeit mühen, haben in Jesus Christus einen kontinuierlich-festen Halt durch alle plötzlichen Ereignisse hindurch. Ihnen sagt Theresia von Ávila: „Nichts soll dich verwirren, nichts erschrecken. Alles geht vorbei. Gott bleibt derselbe. Wer Gott hat, dem fehlt nichts: Gott allein genügt."

Der Herr bricht ein um Mitternacht,
jetzt ist noch alles still.
O Elend, dass schier niemand wacht
und ihm begegnen will.
So wach denn auf, mein Geist und Sinn,
und schlummre ja nicht mehr.
Blick täglich auf sein Kommen hin,
als wenn es heute wär.
Dein Teil und Heil ist schön und groß.
Auf, auf, du hast's in Macht.
Ergreif im Glauben du das Los,
das Gott dir zugedacht.

(GL 567)

2. Adventssonntag

Evangelium: Mk 1,1-8

Anfang des Evangeliums von Jesus Christus, dem Sohn Gottes: Es begann, wie es bei dem Propheten Jesaja steht: Ich sende meinen Boten vor dir her; er soll den Weg für dich bahnen. Eine Stimme ruft in der Wüste: Bereitet dem Herrn den Weg! Ebnet ihm die Straßen! So trat Johannes der Täufer in der Wüste auf und verkündigte Umkehr und Taufe zur Vergebung der Sünden. Ganz Judäa und alle Einwohner Jerusalems zogen zu ihm hinaus: sie bekannten ihre Sünden und ließen sich im Jordan von ihm taufen. Johannes trug ein Gewand aus Kamelhaaren und einen ledernen Gürtel um seine Hüften, und er lebte von Heuschrecken und wildem Honig. Er verkündete: Nach mir kommt einer, der stärker ist als ich; ich bin es nicht wert mich zu bücken, um ihm die Schuhe aufzuschnüren. Ich habe euch nur mit Wasser getauft, er aber wird euch mit dem Heiligen Geist taufen.

Johannes verkündete: Nach mir kommt einer, der stärker ist als ich

Johannes ist der größte Prophet des Alten Bundes; „der Größte der vom Weibe Geborenen“, sagt Jesus von ihm.

Aber Johannes zeigt auf einen anderen „Propheten“, der nach ihm kommt, und der stärker ist als er selbst.

Die Bezeichnung „stärker“ ist hier keine Aussage im Hinblick auf innere Kraft oder körperliche Stärke. Sie verweist auf ein Gottesprädikat in den alttestamentlichen Schriften. In Jes 49,26 steht geschrieben:

„Alle Sterblichen werden erkennen, dass ich, der Herr, dein Retter bin, und ich, der Starke Jakobs, dein Erlöser.“

Jesus ist der Retter und Erlöser. In ihm ist der starke Gott gegenwärtig. Er ist wesensgleich Gottes Sohn und deshalb nicht in die Reihe der Propheten einzuordnen. Durch ihn kommt das Reich Gottes in die Welt.

„Das Reich Gottes ist sein Heiliger Geist, und sein Heiliger Geist ist derselbe im Himmel wie auf Erden.“[1]

Jesus wird seine Kraft in der Schwachheit erweisen als Lamm Gottes. Wenn er am Kreuz erhöht ist, dann wird er im Heiligen Geist alle an sich ziehen. (vgl. Joh 12,32) Er wird die Menschen hineintauchen – hineintaufen in sein göttliches Leben. „Wenn sie den Heiligen Geist bewahren, dann werden sie frei von jeder Finsternis, und sie werden schon hier in ihrer Seele das ewige Leben haben.“[2] So kann der erhöhte Herr sie umgestalten in Gott liebende Menschen.

[1,2] Starez Siluan, S. 63, Benziger-Verlag

Johannes erkannte in Jesus den vom Heiligen Geist Gesalbten. Vor ihm wusste er sich machtloser und geringer als ein Sklave. Zwar folgten auch Johannes viele Jünger; wie es heißt, zogen ganz Judäa und alle Einwohner Jerusalems zu ihm hinaus und bekannten ihre Sünden, jedoch die Umkehr vom Egoismus und von der Gesetzesfrömmigkeit zum bedingungslosen Gottvertrauen konnte Johannes in den Herzen der Menschen nicht bewirken. Er war gesandt, um Jesus – dem das Gottesvolk gehört – anspruchslos den Weg zu bereiten. Ihm wollte er Raum geben, indem er sagte: „Er muss wachsen, ich muss kleiner werden." (Joh 3,30)

„Auch Benedikt will in seiner Regel das Programm Johannes des Täufers, den er sehr verehrte, durch das demütige Zurücktreten vor Gottes Wort in die Tat umsetzen. Er will im Sinne des Täufers Wegbereiter sein; vor allem Wegbereiter zu den Quellen des Lebens in der Heiligen Schrift.

Darum stellt Benedikt in die Mitte des monastischen Lebens – mit den Worten des Psalteriums – die Anbetung Gottes. Zudem gibt er der persönlichen Aneignung des Gotteswortes durch die ‚lectio divina', der göttlichen Schriftlesung, Raum."[3]

Denn durch das Gotteswort will Christus in den Herzen seiner Jünger wachsen. Das geschieht, wenn das verinnerlichte Wort in allen Lebenssituationen ungehindert vernehmbar wird und auf diese Weise wirken kann.

Wer sich deshalb in der Adventszeit durch die Lesung der Heiligen Schrift für das göttliche Wort öffnet – wer

---

[3] vgl. Pawlowsky OSB, S. 101, Herder-Verlag 1965

seinem Erlöser so den Weg bereitet, der darf mehr und mehr den Frieden und die Freude der Heiligen Nacht erfahren.

Nicht nach eines Menschen Sinn,
sondern durch des Geistes Hauch
kommt das Wort in unser Fleisch
und erblüht aus Mutterschoß.
Wie die Sonne sich erhebt
und den Weg als Held durcheilt,
so erschien er in der Welt,
wesenhaft ganz Gott und Mensch.
Gott dem Vater Ehr und Preis
und dem Sohne Jesus Christ,
Lob sei Gott dem Heilgen Geist
jetzt und ewig. Amen.

(GL 108,2,3,5)

3. Adventssonntag

Evangelium: Joh 1,6-8.19-28

Ein Mensch trat auf, der von Gott gesandt war; sein Name war Johannes. Er selbst war nicht das Licht, er sollte nur Zeugnis ablegen für das Licht. Dies ist das Zeugnis des Johannes: Als die Juden von Jerusalem aus Priester und Leviten zu ihm sandten mit der Frage: Wer bist du?, bekannte er und leugnete nicht; er bekannte: Ich bin nicht der Messias. Sie fragten ihn: Was bist du dann? Bist du Elija? Und er sagte: Ich bin es nicht. Bist du der Prophet? Er antwortete: Nein. Da fragten sie ihn: Wer bist du? Wir müssen denen, die uns gesandt haben, Auskunft geben. Was sagst du über dich selbst? Er sagte: Ich bin die Stimme, die in der Wüste ruft: Ebnet den Weg für den Herrn! (gekürzt)

Johannes war nicht das Licht: Er sollte Zeugnis ablegen für das Licht

Martyria: Zeugnis ist eines der theologischen Hauptworte des Evangelisten Johannes. Niemand kann jedoch für sich selbst Zeugnis ablegen, sondern jeder ist auf einen anderen angewiesen, der für ihn einsteht. Derjenige, der ursprünglich bezeugt, kann nur deshalb Zeugnis geben, weil ihm Erfahrung und Erleuchtung zuteil wurden. – Und jeder, der danach verkündigt, trägt das ursprüngliche Zeugnis, das er selbst im Glauben ergriffen hat, weiter.[1]

Nur der vertrauend Liebende, der in großer Offenheit dem transzendenten Licht hingegeben ist, kann Zeugnis für das Gotteslicht ablegen. „Wenn jemand sich in der Gnade des Heiligen Geistes entschließt, Gott ganz zu lieben, in jedem Augenblick neu, und ihm seine Zeit zu schenken, dann wird es hell, denn mit der Liebe kommt das Licht. Dieses Licht scheint auf die eigene Person und lässt zunächst die dunklen Motive durchschauen, aus denen oft unerleuchtet gehandelt wird. Es ist nicht wahr, dass Liebe blind macht, echte Liebe macht sehend. Die Gottesliebe hat viel Licht, ist selbst lauteres Licht. Wer sich hineingibt in das Licht Gottes, wird selbst licht. Liebe ist wie die Sonne. Wir haben aber in unserer trüben, verhangenen Welt nicht die Sonne selbst, sondern das Licht Gottes – und die Dinge dieser Welt im Lichte Gottes.

---

1 nach Kahlefeld, „Unsere Hoffnung …“ S. 37

Die Gottesliebe kann in zweifacher Gestalt im Herzen leben: offen oder verborgen. Hat sich die Gottesliebe in stärkerem Maße Gott und seinem Licht selbst zugewendet, erhebt und weitet sie das Herz und bringt es in Bewegung."[2] Das Herz wird brennend.

In Johannes, dem Täufer, brannte das Gott liebende Herz. Jesus nannte ihn eine Lampe, die brennt und leuchtet. So legte Johannes für die Wahrheit, dass Gott sich den Menschen in Jesus Christus zuneigt und sie wieder liebesfähig macht, Zeugnis ab.

Nach ihm haben die Apostel diese Wahrheit durch ihre Lebenshingabe bestätigt. So bezeugten sie das Wesen Gottes und die Gemeinschaft mit ihm. „Denn Gott ist Licht, und keine Finsternis ist in ihm", schreibt der Apostel Johannes. „Wenn wir sagen, dass wir Gemeinschaft mit ihm haben, und doch in der Finsternis leben, lügen wir und tun nicht die Wahrheit. Wenn wir aber im Licht leben, wie er im Licht ist, haben wir Gemeinschaft miteinander." (1 Joh 1,5 ff.)

Jeder von uns ist berufen und durch die Taufe befähigt, Zeugnis von Gottes Licht zu geben in der Gottes- und Nächstenliebe. Aber:

„Wir jammern über das Dunkel der Welt, über Hoffnungslosigkeit, die uns befällt, / über Freunde, die uns nicht verstehen und Nachbarn, die uns übersehen", heißt es in einem Gedicht von Ursula Berg, und weiter:

„Würde jeder von uns ein Licht in sich tragen, / die Freunde nach ihren Sorgen fragen, / den Nachbarn besuchen in seinem Leid und den Traurigen retten aus Ein-

---

2 Schürmann, „Geistl. Tun", Benno-Verlag, S. 30 ff.

samkeit, / dann würde Licht und Güte funkeln, der Stern von Betlehem leuchten im Dunkeln, / die Hoffnung der Seele neue Nahrung geben und unser Herz bewusst Weihnacht erleben."[3]

„Noch ist es Zeit, noch sind wir in diesem Leib, noch lässt das Licht des Lebens uns Zeit, alles zu erfüllen. Jetzt müssen wir laufen und tun, was uns für die Ewigkeit nutzt", mahnt Benedikt (Prol 43), dann wird unser Herz sich freuen im Herrn und schon heute am Gaudete-Sonntag über unseren Gott jubeln.

O Gott, du schöner Morgenstern,
gib uns, was wir von dir begehrn:
Zünd du dein Licht auch in uns an,
lass uns an Gnad kein' Mangel han.

Treib aus, o Licht, all Finsternis,
behüt uns, Herr, vor Ärgernis,
vor Blindheit und vor aller Schand,
und reich uns Tag und Nacht dein Hand,

zu wandeln als am lichten Tag,
damit, was immer sich zutrag,
wir stehn im Glauben bis ans End
und bleiben von dir ungetrennt.

(nach GL 666)

[3] aus „Frohe Weihnacht", Lahn-Verlag, 1995

4. Adventssonntag

Evangelium: Lk 1,26-38

Der Engel Gabriel wurde von Gott in eine Stadt Galiläas namens Nazaret zu einer Jungfrau gesandt. Der Name der Jungfrau war Maria. Der Engel trat bei ihr ein und sagte: Sei gegrüßt, du Begnadete, der Herr ist mir dir! Sie erschrak über die Anrede und überlegte, was dieser Gruß zu bedeuten habe. Da sagte der Engel zu ihr: Fürchte dich nicht, Maria; denn du hast bei Gott Gnade gefunden. Du wirst ein Kind empfangen, einen Sohn wirst du gebären: dem sollst du den Namen Jesus geben. Er wird groß sein und Sohn des Höchsten genannt werden. Gott, der Herr, wird ihm den Thron seines Vaters David geben. Er wird über das Haus Jakob in Ewigkeit herrschen, und seine Herrschaft wird kein Ende haben. (Auszug)

Fürchte dich nicht!
Du hast bei Gott Gnade gefunden,
denn bei Gott ist nichts unmöglich

Seit mehr als 600 Jahren läuten in unserem Land dreimal täglich die Glocken zum „Engel des Herrn". In diesem Gebet kommt das Wesentliche der heutigen frohen Botschaft ins Wort: Die Nachricht von Gottes barmherziger Zuwendung zu uns Menschen in Jesus, der uns heilen kann und heilen will. Daran erinnern die Angelus-Glocken, und die Beter stellen den drei „Ave Maria" die Kernsätze voran:

- Der Engel des Herrn brachte Maria die Botschaft und sie empfing vom Heiligen Geist.
- Maria sprach: Siehe, ich bin eine Magd des Herrn; mir geschehe nach deinem Wort.
- Und das Wort ist Fleisch geworden und hat unter uns gewohnt.

Gott ist in seinem Sohn das große Weihnachtsgeschenk an uns Menschen und auch zugleich in der neuen verklärten Daseinsweise das große Ostergeschenk. Der „Angelus" als Gebet der Kirche kann unsere Herzen für das weihnachtliche Gottesgeschenk öffnen, besonders jetzt in der unmittelbaren Vorbereitung auf das Fest.

Der heilige Johannes Chrysostomus sagt: Wenn wir, die wir mit Sünden bedeckt sind, beten, so reinigt uns das Gebet sogleich. Groß ist Gottes Barmherzigkeit, wir aber, die wir sündig und trägen Herzens sind, wollen ihm nicht einmal aus Dank eine geringe Stunde darbringen und tauschen die fürs Gebet bestimmte Stunde, die doch das Wichtigste ist, gegen Geschäftigkeit und Alltagssorgen ein, wobei wir Gott vergessen und unsere Pflichten ihm gegenüber. Darum sind wir auch oft genug allerhand Nöten und Versuchungen ausgesetzt; aber auch dieses soll nur dazu dienen, uns zur Vernunft zu bringen und uns zu bekehren, denn also will es Gottes von Liebe erfüllte Weisheit."[1]

Gott neigt sich dem Menschen zu und schenkt ihm Gnade. „Gnade ist der wahre Lebenssaft der Welt", sagt Teilhard de Chardin.

Seit Maria Gnade gefunden hat bei Gott haben auch wir bei ihm Gnade gefunden. Wir können in jeder Situation betend zu ihm kommen; auch als sündige Menschen brauchen wir uns nicht zu fürchten.

Die heilige Gertrud, die Große († 1302), erkannte: „Sooft das Ave Maria, der Englische Gruß, mit Andacht von den Gläubigen gebetet wird, werden Heil und Freude ausgegossen über die Betenden. Und jedem Einzelnen wird all das Gute erneuert, das ihm je durch die Heil bringende Menschwerdung des Sohnes geschenkt wurde."[2]

In diesem Gebet brachte sie auch ihre Mitmenschen fürbittend zu Gott, dem ja nichts unmöglich ist:

- Bei den Worten: „Gegrüßet seist du" begehrte sie, dass allen Beladenen ihre Last erleichtert würde.
- Bei dem Wort: „Maria = bitteres Meer" flehte sie, dass alle Menschen, die bereuen und büßen, im Guten standhaft bleiben.

---

[1] E. Jungclaussen „Aufrichtige Erzählungen eines russischen Pilgers", 143, Herder-Verlag

[2] nach „Gesandter der göttlichen Liebe" 254, Lambert-Verlag

- Bei den Worten: „Voll der Gnade“ erbat sie, dass alle Menschen, die meinen, ohne Gottes Hilfe leben zu können, diese herzlich verlangen.
- Bei den Worten: „Der Herr ist mit dir“ betete sie, dass alle Sünder Vergebung finden mögen.
- Bei den Worten: „Du bist gebenedeit unter den Frauen“ erbat sie allen, die einen guten Anfang gemacht haben, dass sie auf diesem Weg fest bleiben.
- Bei den Worten: Gebenedeit ist die Frucht deines Leibes“ erflehte sie, dass alle Christen zur Vollendung gelangen mögen,
- und Gertrud beendete das „Ave“ mit der Anrufung an Jesus Christus, dem Ebenbild und dem Abglanz der Herrlichkeit des Vaters.

Benedikt verweist in seiner Regel auf derartige Lehren der Heiligen, deren Beobachtung uns zur Vollkommenheit führen können. (vgl. RB 73)

Der Heiland kam vom Himmelsthron
und wurde Mensch: dein lieber Sohn.
Wer Jesus recht bekennt,
dich Gottes Mutter nennt.

Wer immer kindlich dich verehrt
getröstet wieder heimwärts kehrt.
Ob einer arm, ob reich,
du liebst sie alle gleich.

(Dörr, 133)

Weihnachten in der Nacht

Evangelium: Lk 2,1-14

In jener Gegend lagerten Hirten auf freiem Feld und hielten Nachtwache bei ihrer Herde. Da trat der Engel des Herrn zu ihnen, und der Glanz des Herrn umstrahlte sie. Sie fürchteten sich sehr, der Engel aber sagte zu ihnen: Fürchtet euch nicht, denn ich verkünde euch eine große Freude, die dem ganzen Volk zuteil werden soll: Heute ist euch in der Stadt Davids der Retter geboren; er ist der Messias, der Herr. Und das soll euch als Zeichen dienen: Ihr werdet ein Kind finden, das, in Windeln gewickelt, in einer Krippe liegt. Und plötzlich war bei dem Engel ein großes himmlisches Heer, das Gott lobte und sprach: Verherrlicht ist Gott in der Höhe und auf Erden ist Friede bei den Menschen seiner Gnade. (8-14)

Das soll euch als Zeichen dienen: Ihr werdet ein Kind finden, das in einer Krippe liegt

Weihnachten ist ein Fest der Vergangenheit, der Gegenwart und der Zukunft.

„Mit diesem neugeborenen Kind wird ein Zeichen gesetzt: passt auf und schaut auf das Neue, das im Erscheinen begriffen ist. Gott will sich nicht in Macht und Herrlichkeit offenbaren, er zieht den Weg der Unscheinbarkeit und des Verborgenen vor. Er ist ein Liebhaber des Lebens, aber dieses Leben wächst in der Stille und wartet auf seine Stunde."[1]

Weil Gott den Weg der Verborgenheit wählt, gibt er viele Zeichen, die auf ihn hinweisen, so dass Suchende ihn finden können. Die Texte der Weihnachtszeit sind mit Zeichen angefüllt. Zeichen, die auf den Gottessohn hinweisen, beginnen im Alten Testament. Jesaja sagt: „Der Herr selbst wird euch ein Zeichen geben: schaut, die junge Frau wird schwanger und einen Sohn zur Welt bringen." (7,14)

Maria bekommt in der Verkündigungsszenc das Zeichen: „Auch Elisabet hat in ihrem Alter einen Sohn empfangen."

- Josef erfährt im Traum das Wort des Engels als Zeichen.
- Die Hirten finden zum Zeichen das Kind in der Krippe.
- Den Weisen aus dem Morgenland ist der Stern ein Zeichen.

Jesus selbst wird vom greisen Simeon „Zeichen“ genannt, dem widersprochen wird, das aber auch viele aufrichtet.

Jesus wird später die Verkündigung seiner Frohen Botschaft ebenso mit Zeichen begleiten; denn Christus, der in der Kirche lebt, ist verborgen unter symbolischen Worten und Zeichen.

Wahrscheinlich wählte er im Hinblick auf unsere Aufnahmefähigkeit diese Daseinsweise. Wir sündigen Menschen sind allem Göttlichen gegenüber verschlossen. Erst indem wir uns sehnen und suchen, wird unser Herz allmählich weit und empfänglich. Je größer die Sehnsucht und je intensiver die Suche wird, desto aufnahmefähiger sind wir für Gott.

Deshalb werden auch wir auf unserem ganz persönlichen Lebensweg durch Zeichen geführt. Auch uns ist wie den Hirten zugesagt: „Das soll euch ein Zeichen sein; ihr werdet ein Kind finden.“ – Aber nicht in der Krippe, sondern in unserem Herzen dürfen wir das göttliche Kind finden. In der mittelalterlichen Mystik sprach man von der Gottesgeburt in der Seele des Menschen. Der Dominikaner Joh. Tauler († 1361) unterschied eine dreifache Geburt des Gottessohnes:

„Die erste und oberste Geburt ist, dass der himmlische Vater gebiert seinen eingeborenen Sohn in göttlicher Wesenheit, in persönlichem Unterschied. Die andere Geburt, die man am Weihnachtsfest begeht, ist das mütterliche Gebären, das geschah in rechter Lauterkeit. Die dritte Geburt ist, dass Gott alle Tage und alle Stunde wird wahrlich geistlich geboren in einer guten Seele mit Gnade und Liebe.“

In einem kühnen Bild sieht Meister Eckehart in jedem gläubigen Menschen – sei er weiblich oder männlich –

eine Jungfrau und eine Frau: „erst, wenn wir empfangen und gebären, entfalten wir, was Gott in uns angelegt hat. Gottes Kraft kommt zu uns und verwandelt den Menschen. In dieser Kraft ist Gott so ganz grünend und blühend, in all der Freude und Herrlichkeit, wie er es in sich selber ist. Der kleine göttliche Funke im Menschen soll angefacht werden, bis alles von der göttlichen Flamme entzündet ist."[2] – Und Eckehart ermahnt:

„Wenn ihr aber die Geburt Gottes nicht in euch tragt, so habt ein Sehnen danach. Mögt ihr aber auch das Sehnen nicht haben, dann sehnt euch wenigstens nach der Sehnsucht" – und feiert mit geistlicher Sehnsucht und Freude in eurem Herzen das Weihnachtsfest. (vgl. RB 49,7)

Dich wahren Gott ich finde
in meinem Fleisch und Blut;
darum ich fest mich binde
an dich, mein höchstes Gut.

In deine Lieb versenken
will ich mich ganz hinab;
mein Herz will ich dir schenken
und alles, was ich hab.

Dazu dein Gnad mir gebe,
bitt ich aus Herzensgrund,
dass dir allein ich lebe
jetzt und zu aller Stund.

(GL 140)

[1,2] frei nach: Otto Betz „Die Nacht leuchtet wie der Tag", Herder-Verlag, 1992

Weihnachten am Tag

Evangelium: Joh 1,1-18

Im Anfang war das Wort, und das Wort war bei Gott, und das Wort war Gott.
Im Anfang war es bei Gott. Alles ist durch das Wort geworden, und ohne das Wort wurde nichts, was geworden ist. In ihm war das Leben, und das Leben war das Licht der Menschen. Und das Licht leuchtet in der Finsternis, und die Finsternis hat es nicht erfasst. Das wahre Licht, das jeden Menschen erleuchtet, kam in die Welt. Aus seiner Fülle haben wir alle empfangen, Gnade über Gnade. Denn das Gesetz wurde durch Mose gegeben, die Gnade und die Wahrheit kamen durch Jesus Christus. Niemand hat Gott je gesehen. Der Einzige, der Gott ist und am Herzen des Vaters ruht, er hat Kunde gebracht. (Auszug)

Die Gnade und die Wahrheit kamen durch Jesus Christus

„Jesus Christus ist das Ja zu allem, was Gott verheißen hat. Darum rufen wir durch ihn zu Gottes Lobpreis auch das Amen“, schreibt Paulus an die Gemeinde in Korinth. (1,20)

Das Zeitwort ‚amen‘ = Amen, von dem sich das Hauptwort ‚emet‘ = Wahrheit herleitet, bedeutet ursprünglich: fest, sicher, vertrauenswürdig sein. Wahrheit ist also das Verlässliche, Erprobte, worauf man sich stützen kann. Ein Friede in Wahrheit ist ein echter, dauerhafter Friede – ein Weg der Wahrheit ist ein Weg, der sicher zum Ziel führt. Wenn das Wort ‚Wahrheit‘ auf Gott oder einen Menschen angewendet wird, ist es oft mit ‚Treue‘ wiedergegeben. Wer treu ist, dem kann man vertrauen.

Im allgemeinen Sprachgebrauch wird die vollkommene Aufrichtigkeit im Sprechen oder ein Gedanke, ein Wort als wahr bezeichnet, wenn sie mit der Wirklichkeit übereinstimmen. Auch die Wirklichkeit selbst wird so genannt, sobald sie sich dem Geist enthüllt – ihm klar einleuchtet.

Wahrheit kennzeichnet auch das Wort Gottes und sein Gesetz. Sie ist dem Gotteswort wesentlich eingestiftet und bildet dessen Grundlage. Das Wort Gottes ist unwiderruflich, es bleibt auf immer.“[1]

Für viele Menschen bedeutet Glaube nur ein Für-wahr-Halten der Worte Gottes und seiner Weisungen. Man

[1] Gedanken und Zitate aus WBBB 773

eignet sich eine abstrakte Lehre an und ist bemüht, diese mehr oder weniger in sein Leben zu integrieren.

Johannes sagt uns aber im heutigen Evangelium, dass die Gnade und Wahrheit durch Jesus Christus geworden ist. Der Gegenstand dieser Frohen Botschaft ist also keine abstrakte Lehre, sondern eine Person, Jesus Christus selbst – er, der von sich sagt: „Ich bin der Weg, die Wahrheit und das Leben." (Joh 14,6)

Die Wahrheit einer Lehre kann man durch verstandesmäßiges Erfassen annehmen. Ist die Wahrheit aber eine Person, so ist persönliche Zuwendung, vertrauensvolle Gemeinschaft die Voraussetzung für die Annahme. Ich folge dann nicht einer abstrakten Lehre, sondern ich lasse mich auf meinem Lebensweg führen durch eine Person, durch Jesus Christus, der mir in seinem Wort nahe ist. Ich erkenne und erfahre, dass er mich liebt und unverbrüchlich treu zum Ziel meiner tiefsten Sehnsucht führt, zum Vater – zum göttlichen Leben in Fülle; denn in Gnade beugt er sich mir barmherzig zu und sagt auch mir heute am Fest seiner Geburt wieder neu: „Mit ewiger Liebe habe ich dich geliebt; darum habe ich dir so lange die Treue bewahrt." (Jer 31,3)

Diese Wahrheit, die in Jesus Christus geworden ist – seine Herrlichkeit – dürfen wir mit Herz und Mund bekennen. (RB 4,28) „Aber das ‚Zeuge-Sein' besteht nicht darin, Propaganda zu machen, nicht einmal darin, die Menschen aufzurütteln, sondern darin, mit Herz und Mund ein lebendes Zeugnis zu sein. Es bedeutet so zu leben, dass unser Ordens-, unser Christenleben sinnlos wäre, wenn Gott nicht existierte." (nach Kardinal Suhard)

Die Wahrheit Gottes in Christus Jesus ist so wirklich, dass sie ein Menschenherz ganz füllen, ein Menschenleben ganz zur Erfüllung bringen kann.

Gott hat sich in seinem Sohn barmherzig erwiesen, gnädig und geduldig und von großer Gnade und Treue. (vgl. 2 Mose 34,6)

Das feiern wir heute am Weihnachtsfest. Deshalb sollen die Mönche der Liebe zu Christus nichts vorziehen (RB 72,11), der uns heute wieder sagt:

> Ich bin deine Freude,
> fürchte dich also nicht, froh zu sein!
> Ich bin in deiner Not,
> denn ich habe sie selbst erlitten.
> Ich bin in deinem Tod;
> denn heute, als ich geboren wurde,
> begann ich mit dir zu sterben.
> Ich gehe nicht mehr weg von dir.
> Was immer geschieht,
> durch welches Dunkel dein Weg
> dich auch führen mag,
> glaube, dass ich da bin!
> Glaube, dass meine Liebe unbesiegbar ist!
> Dann ist auch für dich Weihnacht.
> Dann ist auch deine Nacht Heilige Nacht!
> Dann zünde getrost die Kerzen an –
> sie haben mehr Recht als die Finsternis.
>
> (Karl Rahner)

2. Weihnachtstag
Fest des Heiligen Stephanus

Evangelium: Mt 10,17-22

Jesus sagte zu den Jüngern: Ihr werdet um meinetwillen vor Statthalter und Könige geführt, damit ihr vor ihnen und den Heiden Zeugnis ablegt. Wenn man euch vor Gericht stellt, macht euch keine Sorgen, wie und was ihr reden sollt; denn es wird euch in jener Stunde eingegeben, was ihr sagen sollt. Nicht ihr werdet dann reden, sondern der Geist eures Vaters wird durch euch reden. Brüder werden einander dem Tod ausliefern und Väter ihre Kinder, und die Kinder werden sich gegen ihre Eltern auflehnen und sie in den Tod schicken. Und ihr werdet um meines Namens willen von allen gehasst werden; wer aber bis zum Ende standhaft bleibt, der wird gerettet. (18-22)

Wer bis zum Ende standhaft bleibt, der wird gerettet

„Christ, der Retter, ist da", haben wir gestern gefeiert. Die Kirche, die Braut, hat ihren Bräutigam und Retter empfangen. Gemeinschaft und Versöhnung ist ihr geschenkt, Einheit zwischen Gott und Mensch. Jeder Christ kann jetzt durch Anfechtungen und Verfolgungen hindurch standhaft bleiben. Stephanus ist der erste Zeuge dafür. In ihm wird die Geburt Christi in einem Glied der Kirche sichtbar.

Von Bischof Fulgentius ist uns dazu folgende Predigt überliefert:

- „Gestern erfreute uns die zeitliche Geburt unseres ewigen Königs – heute begehen wir das sieggekrönte Leiden des ersten Zeugen.
- Gestern ging unser König aus dem Schoß der Jungfrau hervor und kam in die Welt – heute verließ Stephanus seinen irdischen Leib und ging als Sieger in den Himmel ein.
- Der Sohn kam in die Hoheit der unsterblichen Gottheit, jedoch angetan mit dem Fleisch der Knechtschaft – Stephanus warf die Rüstung des irdischen Leibes ab und stieg hinauf in das ewige Leben.
- Stephanus konnte emporsteigen unter den Steinwürfen der Juden, weil der Gottessohn hinabgestiegen war unter dem Lobgesang der Engel.

– Ehre sei Gott in der Höhe!, so haben gestern frohlockend die Engel gesungen – heute haben sie jauchzend den heiligen Stephanus in ihre Gemeinschaft aufgenommen.
– Gestern umschloss die enge Krippe den neugeborenen Heiland – heute nimmt der unermessliche Himmel den triumphierenden Stephanus auf.
– Allein stieg der Herr nieder, um viele zu erhöhen – unser König erniedrigte sich, um seine Zeugen zu erheben.

Wir wollen nun auch bedenken, mit welcher Waffenausrüstung Stephanus siegen konnte: Um die Krone (auf die sein Name hinweist) zu erlangen, kämpfte Stephanus mit den Waffen der Liebe.

„Durch die Kraft seiner Gottesliebe wich er vor den wütenden Juden nicht zurück – in der Nächstenliebe legte er für seine Steiniger Fürbitte ein. In dieser Liebe ermahnte er die Irrenden sich zu bekehren; in seiner Liebe betete er für seine Mörder, dass sie nicht bestraft würden. Gestützt auf die Macht der Liebe besiegte er den wütenden Saulus; er, der auf Erden sein Verfolger gewesen ist, ward im Himmel sein Zeuge und Bruder im Herrn.“[1]

„Wer in der Liebe bleibt, der bleibt in Gott und Gott bleibt in ihm“, sagt der Apostel Johannes. Dieses Schriftwort erfüllte sich in Stephanus. Das leibliche Martyrium konnte seine Seele nicht erreichen. Inmitten dieser Qualen sah er den Himmel offen und die Herrlichkeit Gottes sowie den Menschensohn zur Rechten Gottes stehen. Der Gottesgeist, der in ihm war, nahm seinen Geist auf –

---

[1] nach Bischof Fulgentius von Ruspe, führender Theologe im 6 Jh. in Nordafrika, Monast. Brevier

hinein in die nie endende Liebe und Freude des Dreifaltigen Gottes.

Benedikt ermuntert seine Schüler, nach dem Vorbild der Märtyrer für den Herrn alles Widrige zu ertragen: „Dein Herz sei stark und halte den Herrn aus“, ruft er ihnen zu; denn wer bis zum Ende standhaft bleibt, der wird gerettet. (vgl. RB 7,36 ff) Gottes Geist schenkt seinen Jüngern im leiblichen oder geistigen Martyrium standhafte Geduld, Starkmut, Vertrauen und Beharrlichkeit. Er erfüllt sie mit Frieden in der Gemeinschaft mit Gott und lässt sie teilhaben an der Schau Gottes. .

Lasst uns im Feste heut begehn
den Sieg, den Stephanus errang;
als erster Zeuge für den Herrn
gab er sein Blut und Leben hin.

Vergib, o Gott, sie wissen nicht,
was sie jetzt tun an deinem Knecht!
So betet er, wie einst der Herr,
für seine Mörder noch im Tod.

Er sieht den Himmel offen stehn
und Christus in der Herrlichkeit;
der gibt ihm teil an seinem Licht,
da er im Leiden ihm gefolgt.

Dir, Herr, der unter uns erschien,
der Jungfrau Sohn und Heil der Welt,
sei Herrlichkeit und Preis und Ruhm
mit Gott dem Vater und dem Geist. Amen.

(Hymnus vom 26. 12., Brevier)

Sonntag in der Weihnachtsoktav

Evangelium: Lk 2,22-40

Es kam für sie der Tag der vom Gesetz des Mose vorgeschriebenen Reinigung. Sie brachten das Kind nach Jerusalem hinauf, um es dem Herrn zu weihen, gemäß dem Gesetz des Herrn, in dem es heißt: Jede männliche Erstgeburt soll dem Herrn geweiht sein. Auch wollten sie ihr Opfer darbringen, wie es das Gesetz des Herrn vorschreibt: ein Paar Turteltauben oder zwei junge Tauben.
Als seine Eltern alles getan hatten, was das Gesetz des Herrn vorschreibt, kehrten sie nach Galiläa in ihre Stadt Nazaret zurück. Das Kind wuchs heran und wurde kräftig; Gott erfüllte es mit Weisheit, und seine Gnade ruhte auf ihm. (Auszug)

Gott erfüllte das Kind mit Weisheit und seine Gnade ruhte auf ihm

Im heutigen Evangelium geht die Verheißung des alttestamentlichen Buches Maleachi (3,1) in Erfüllung: Der Herr selbst kommt zu seinem Tempel. Die Darstellung zeigt: Dieses Kind gehört Gott; es ist die Herrlichkeit für das Volk Israel, und es ist ein Licht, das die Heiden erleuchten wird. Mit der Ankunft des Kindes im Tempel wird die erwartete endzeitliche Erfüllung geschenkt.

Jesus befindet sich erstmalig im Tempel – dann wieder als Zwölfjähriger mit der Frage an seine Eltern, die ihn suchen: Wusstet ihr nicht, dass ich in dem sein muss, was meines Vaters ist? Dort muss er sein; dort „erfüllt Gott das Kind mit Weisheit", heißt es nach seiner Darstellung im Tempel, und vom Zwölfjährigen sagt der Text: „Seine Weisheit nahm zu, und er fand Gefallen bei Gott und den Menschen."

WEISHEIT ist jene Lebenshaltung, die den Ursprung des Lebens mit dem Ziel verbindet, und das in der Gegenwart. So ist der weise Mensch ständig auf den jetzt anwesenden Gott ausgerichtet.

„Jede Sekunde ist die kleine Pforte, durch die der Messias treten kann", sagt W. Benjamin. Deshalb lebt der Weise aus einer empfangenden und ausgerichteten Haltung in der „Stetserwartung" (H. Schürmann).

Es ist die Haltung, durch die Jesus seine göttliche Weisheit offenbaren wird: Im unbeirrbaren Vertrauen auf den Vater – in seiner ungewöhnlichen Schriftauslegung – durch die Zielstrebigkeit in seinem Sendungsauftrag (er lehnt vordergründige Erfolge ab!) – durch seine Liebe, die ihn erfüllt, trotz Ablehnung und Verfolgung.

Die göttliche Weisheit führt ihn dann durch die „Torheit des Kreuzes“ in die vollendete Herrlichkeit.

Wir Christen sind aufgerufen, uns von Gottes Weisheit erfüllen und durch sie führen zu lassen. Wir dürfen die Weisheit von Gott erbitten, denn „Gott gibt sie allen gern und macht niemand einen Vorwurf“, schreibt der Apostel Jakobus aus eigener Erfahrung.

Darum fleht die Kirche in der Vorbereitung auf das Weihnachtsfest: „O Weisheit, hervorgegangen aus dem Munde des Höchsten, die Welt umspannst du von einem Ende zum anderen, in Kraft und Milde ordnest du alles: O komm und offenbare uns den Weg der Weisheit und Einsicht!“ (O-Antiphon vom 17. Dezember)

Jakobus wurde dieser Weg offenbart, als er schrieb: „Die Weisheit, die von Gott kommt, ist erstens heilig, sodann friedlich, freundlich, gehorsam, voll Erbarmen und reich an guten Früchten, sie ist unparteiisch, sie heuchelt nicht. Wo Frieden herrscht, wird von Gott für die Menschen, die Frieden stiften, die Saat der Gerechtigkeit ausgestreut.“ (vgl. Jak Kap. 3) – Nach Jakobus ist der Weg der Weisheit ein Weg des Friedens mit Gott und untereinander.

So sieht auch Benedikt diesen Weg für seine Mönche: „Sucht den Frieden und jagt ihm nach!“, ruft er ihnen zu.

„Tut ihr das, dann werden meine Augen auf euch ruhen“, antwortet der Herr – (auch vom Gottessohn heißt es heute: Gottes Gnade ruhte auf ihm) – „und meine Ohren werden eure Gebete erhören; noch bevor ihr mich anruft, werde ich sagen: Hier bin ich!“

„Seht, in seiner Güte zeigt uns der Herr den Weg der Weisheit, den Weg zum Leben!“ (vgl. Prol. 17-20)

Einerseits ist der Friede (soweit wir dazu beitragen können) identisch mit dem Weg der Weisheit – andererseits zeigt der innere Friede an, ob wir uns auf dem Weg der Weisheit befinden, denn die Weisheit unterscheidet die Geister. Origines († 253) hat dafür Regeln aufgestellt: „Unsere Seele ist entweder vom wahren Licht erleuchtet, das nie erlischt, das Christus selber ist, oder aber von einem vergänglichen, falschen Licht. Dieses lässt das Zeitliche und Hinfällige im Schein des Guten und Wertvollen aufleuchten.“ (vgl. Judie Han 9,1) Das falsche Licht versetzt die Seele in Unruhe und Unfrieden.

Gott möge uns den Geist der Weisheit geben und die Augen unserer Herzen erleuchten, damit wir verstehen, zu welcher Hoffnung wir durch ihn berufen sind. (vgl. Eph 1,17)

Abglanz des Vaters, Wort aus Gottes Herzen,
wurdest du, Christus, uns zum Heil geboren.
Brachtest ins Dunkel neues Licht und Leben,
Gnade um Gnade.
Einst wirst du kommen, alles zu vollenden.
Groß wird dein Reich sein, wunderbar und herrlich.
Gott schenkt dann allen, die auf dich vertrauen,
Frieden in Fülle.

(Brevier)

1. Januar
Hochfest der Gottesmutter Maria

Evangelium: Lk 2,16-21

Die Hirten eilten nach Betlehem und fanden Maria und Josef und das Kind, das in der Krippe lag. Als sie es sahen, erzählten sie, was ihnen über dieses Kind gesagt worden war. Und alle, die es hörten, staunten über die Worte der Hirten. Maria aber bewahrte alles, was geschehen war, in ihrem Herzen und dachte darüber nach. Die Hirten kehrten zurück, rühmten Gott und priesen ihn für das, was sie gehört und gesehen hatten; denn alles war so gewesen, wie es ihnen gesagt worden war. Als acht Tage vorüber waren und das Kind beschnitten werden sollte, gab man ihm den Namen Jesus, den der Engel genannt hatte, noch ehe das Kind im Schoß seiner Mutter empfangen wurde.

Die Hirten rühmten und lobten Gott für alles, was sie gehört und gesehen hatten

Wir Menschen sind in einer Zeitbewegung, es treibt uns voran und wir haben ständig die Erwartung, dass sich in der Zukunft die großen Ereignisse einstellen. Es genügt uns nicht, dass immer wieder eine neue aktuelle Gegenwart kommt, ein weiterer Tag, ein weiteres Jahr. Wir hoffen darauf, dass sich irgendwann die Zeit „erfüllt“, dass sie sich aufgipfelt und ihren Charakter der Vergänglichkeit verliert. Solange diese Hoffnung nicht erfüllt ist, möchten wir wenigstens Zeiten erleben, die sich über den üblichen Verlauf erheben, weil ein besonderes Geschehen uns in Atem hält und wir darüber das Weiterlaufen der Zeit vergessen.[1]

Auch die Hirten waren in ihrer Hoffnung Menschen wie wir. Überraschend wurde ihnen das Geschehen, das sie in Atem hält, geschenkt, als die Zeit dafür erfüllt war. Denn so sagt es die heutige Lesung aus dem Galaterbrief: „Als die Fülle der Zeit kam, sandte Gott seinen Sohn, geboren von einer Frau, damit wir das Recht von Söhnen erlangten. Weil ihr aber Söhne seid, sandte Gott den Geist seines Sohnes in unsere Herzen, der ruft: Abba, Vater!“ – und der zum Gotteslob befähigt.

Die Hirten hatten den Gottessohn in der Krippe gefunden, und von dieser Stunde an waren sie neue Menschen, nicht weiterhin Menschen der eintönigen Routine, sondern Menschen der Herzensfreude. Vielleicht sangen sie einen „jubilus“ oder ein Alleluja, d. h. Lobet Gott! Das freudige Jubilieren war ihnen geschenkt, das zwar noch mit Worten geschieht, aber die Worte gleichsam überspringt, um die reine Freude über Gott auszusingen.

Otto Betz schreibt: „Im Stall zu Betlehem hat die wahre Zeitenwende längst stattgefunden. Mit Christi Geburt ist der lang ersehnte Heiland erschienen, hat seinen Lebensbogen angetreten und sein Werk vollbracht. Wieso sind wir immer noch Wartende, Hoffende, sehnsüchtig Ausschauende? Wenn man die Heilsgeschichte betrachtet, wie sie uns die biblischen Schriftsteller aufgezeichnet haben, dann ist zu beobachten, dass die großen Verheißungen immer nur so erfüllt werden, dass sie einen neuen Horizont eröffnen und einen tieferen Einblick in den größeren Zusammenhang schenken; wir werden wieder neu auf den Weg geschickt.

Im Hebräerbrief findet sich ein Satz, der eindringlich betont, dass auch der Glaubende noch kein Schauender ist, sondern ein Hoffender, der sich zuversichtlich dem Unbekannten entgegenwendet: ‚Abraham wanderte aus, ohne zu wissen, wohin ihn der Weg führte' (11,8). Er hatte eine Zusage, aber keine Gewissheit, er sollte sich auf **den** verlassen, der ihn gerufen hatte. Wer glaubt, der weiß auch nicht genau und beschreibbar, was auf ihn zukommt, und was er erleben wird; er weiß aber, **auf wen** er sich verlässt und **wem** er vertrauen kann."[2]

Deshalb können auch wir mit freudigen Herzen Gott loben, obwohl wir nicht wie die Hirten zu den Schauenden, sondern wie Abraham zu den Glaubenden gehören.

[1,2] Otto Betz, „Die Nacht leuchtet wie der Tag", S. 23, Herder-Verlag, 1992

„Ja, lasst uns dem Schöpfer den Lobpreis darbringen wegen seiner gerechten Entscheidungen!“ (RB 16,5)

Erhebet eure Herzen
und seid zum Lob bereit!
Seht her! Die Welt des Lichtes
durchdringt die Zeit.

Lasst euch vom Licht erwärmen,
durchfluten ganz und gar!
Die Nacht ist überwunden,
die in euch war.

Kommt her in Gottes Helle
und schauet unverhüllt:
Was Gott der Welt versprochen,
hat er erfüllt.

(Josef Butscher,
aus „Frohe Weihnachten“)

2. Sonntag nach Weihnachten

Evangelium: Joh 1,1-18

Im Anfang war das Wort, und das Wort war bei Gott, und Gott war das Wort. Alles ist durch das Wort geworden, und ohne das Wort wurde nichts, was geworden ist. In ihm war das Leben, und das Leben war das Licht der Menschen. Und das Licht leuchtet in der Finsternis, und die Finsternis hat es nicht erfasst. – Allen aber, die ihn aufnahmen, gab ER Macht Kinder Gottes zu werden, allen, die an seinen Namen glauben, die aus Gott geboren sind. Und das Wort ist Fleisch geworden und hat unter uns gewohnt, und wir haben seine Herrlichkeit gesehen, die Herrlichkeit des einzigen Sohnes vom Vater, voll Gnade und Wahrheit. (Auszug)

Allen, die ihn aufnahmen, gab er Macht, Kinder Gottes zu werden, allen, die aus Gott geboren sind

„Der Glaube ist ein Ergreifen Gottes. Das Ergreifen setzt ein Ergriffensein voraus; ohne Gnade können wir Gott nicht glauben und Gnade ist Anteil am göttlichen Leben“, schreibt die Philosophin und Karmelitin Edith Stein (1891 - 1942).

In ihrem Buch „Das Kreuz wie eine Krone tragen“ ist zum Weihnachts - Evangelium folgender Text von ihr überliefert:

„Der Sohn des ewigen Vaters brachte denen, die ihn aufnahmen, das Licht und den Frieden, den Frieden mit dem Vater im Himmel, den Frieden mit allen, die gleich ihnen Kinder des Lichts und Kinder des Vaters im Himmel sind und den tiefen inneren Herzensfrieden; aber nicht den Frieden mit den Kindern der Finsternis, sondern das Schwert. Ihnen ist er der Stein des Anstoßes, gegen den sie anrennen und an dem sie zerschellen. Das ist eine schwere und ernste Wahrheit, die wir uns durch den poetischen Zauber des Kindes in der Krippe nicht verdecken lassen dürfen.

Das Geheimnis der Menschwerdung und das Geheimnis der Bosheit gehören eng zusammen. Gegen das Licht, das vom Himmel herabgekommen ist, sticht die Nacht der Sünde umso schwärzer und unheimlicher ab.

Das Kind in der Krippe streckt die Hände aus, und sein Lächeln scheint schon zu sagen: ‚Kommt her zu mir alle, die ihr mühselig und beladen seid‘, und die seinem

Ruf folgen, ihnen floss der Tau der Gnade zu und sie freuten sich mit großer Freude. Lichtgestalten sind es, die um die Krippe knien.

Ihnen gegenüber steht die Nacht der unbegreiflichen Verhärtung und Verblendung der Schriftgelehrten, des Königs Herodes. Vor dem Kind in der Krippe scheiden sich die Geister. Er ist der König der Könige und Herr über Leben und Tod. Er spricht sein ‚Folge mir!' und wer nicht für ihn ist, der ist wider ihn. Er spricht es auch für uns und stellt uns vor die Entscheidung zwischen Licht und Finsternis."[1]

Edith Stein folgte dem Ruf des Herrn. So bekam sie die Macht, Kind Gottes zu sein bis ins Martyrium. Sie schreibt über ihre Berufung:

„Die Berufung zur Vereinigung mit Gott ist Berufung zum ewigen Leben. Der Glaube lehrt uns, dass Gott der Seele das ewige Leben, d. h. den ewigen Anteil an seinem Leben, geben will. –

Wir wollen auch bedenken, was das Aufnehmen Gottes in das Innerste der Seele bedeutet. Gegenwärtig ist ja Gott überall. Es kann also nicht die Rede davon sein, dass Gott an einen Ort käme, an dem er vorher nicht war. – Dass die Seele Gott aufnimmt, das heißt vielmehr, dass sie sich frei öffnet und hingibt zu jener Vereinigung, wie sie nur zwischen geistigen Personen möglich ist. Es ist dies eine liebende Vereinigung: Gott ist Liebe, und der Anteil am göttlichen Sein, den die Vereinigung gewährt, muss ein Mitlieben sein." (Auszug)[2]

[1, 2] Benziger-Verlag, 1997

Gott hat uns durch seinen Sohn zuerst geliebt. Weil er uns in Christus nichts vorgezogen hat, dürfen auch wir der Liebe zu Christus nichts vorziehen, sagt Benedikt (vgl. Kap. 72). So ist der tiefste Sinn monastischer Existenz die Ausrichtung des ganzen Lebens auf den auferstandenen und gegenwärtigen Herrn. Dieses Ausgerichtetsein ist möglich, weil Berufene in der Taufe aus Gott geboren sind. Das neue Leben Gottes ist schon in ihnen; sie leben bereits in Christus. Mit der Taufe beginnt der Herr, sie zu führen und ihnen den Weg des Heiles zu zeigen, er, der von sich sagt: Ich bin der Weg.[3]

Ich steh an deiner Krippe hier,
o Jesu, du mein Leben.
Ich komme, bring und schenke dir,
was du mir hast gegeben.
Nimm hin, es ist mein Geist und Sinn,
Herz, Seel und Mut, nimm alles hin,
und lass dir's wohl gefallen.

Da ich noch nicht geboren war,
da bist du mir geboren
und hast mich dir zu eigen gar,
eh ich dich kannt, erkoren.
Eh ich durch deine Hand gemacht,
da hast du schon bei dir bedacht,
wie du mein wolltest werden.

(GL 141)

[3] frei aus: Putzicha, Kommentar zur RB, S. 604 f.

Erscheinung des Herrn

Evangelium: Mt 2,1-12

Als Jesus zur Zeit des Königs Herodes in Betlehem in Judäa geboren worden war, kamen Sterndeuter aus dem Osten nach Jerusalem und fragten: Wo ist der neugeborene König der Juden? Wir haben seinen Stern aufgehen sehen und sind gekommen, um ihm zu huldigen. Als König Herodes das hörte, erschrak er und mit ihm ganz Jerusalem. Er ließ alle Hohenpriester und Schriftgelehrten des Volkes zusammenkommen und erkundigte sich bei ihnen, wo der Messias geboren werden solle. Sie antworteten ihm: In Betlehem in Judäa; denn so steht es bei dem Propheten: Du, Betlehem im Gebiet von Judäa, bist keineswegs die unbedeutendste unter den führenden Städten von Juda; denn aus dir wird ein Fürst hervorgehen, der Hirt meines Volkes Israel. – Nach den Worten des Königs machten sie sich auf den Weg. Und der Stern, den sie hatten aufgehen sehen, zog vor ihnen her bis zu dem Ort, wo das Kind war; dort blieb er stehen. Als sie den Stern sahen, wurden sie von sehr großer Freude erfüllt. Sie gingen in das Haus und sahen das Kind und Maria, seine Mutter; da fielen sie nieder und huldigten ihm. (gekürzt)

Betlehem, aus dir wird ein Herrscher hervorgehen, der Hirt meines Volkes Israel

Wir feiern das Fest der Erscheinung des Herrn. Gott lässt in seinem geliebten Sohn sein Angesicht leuchten.

„Über dir erstrahlt der Herr und seine Herrlichkeit erscheint über dir“, ruft Jesaja uns in der ersten Lesung zu. „Aber es ist herausfordernd, sich auf Gottes Herrlichkeit einzulassen. Es erhebt und beschämt uns gleichzeitig; denn in seiner Herrlichkeit ist Gott ‚der ganz Andere‘ und wir tun uns leichter mit der Ähnlichkeit zwischen Gott und uns als mit der Unähnlichkeit.“[1]

Wir sind versucht, uns von Gottes Herrlichkeit zu distanzieren. Deshalb verbirgt er seine Macht und seinen Glanz unter der Gestalt des guten Hirten, der seine Herde weidet. Er nimmt die Lämmer auf seinen Arm, drückt sie an seine Brust und führt die Muttertiere behutsam. (vgl. Jes 40,11)

Er ist voll zarter Liebe zu seinen Schafen, kennt ihr Befinden, nimmt Rücksicht auf ihren Zustand, cr heilt und befreit sie.

Jesus, der gute Hirte, ist auch zugleich der starke Herr, der seine Herde gegen wilde Tiere in Schutz nimmt. Er übt also seine „Macht“ aus, indem er Leben schützt und Leben schenkt. Der Gottessohn kann Leben mitteilen, weil er selbst das ewige Leben ist, das vom Vater kommt und das durch ihn offenbar wird. So gleicht er einem

---

1 Piet v. Bremen, „Erfüllt von Gottes Licht“, 129, Echter-Verlag

Stern oder einem Leuchtturm, zu dem die „Schafe" ihre Zuflucht nehmen, aber nicht nur die aus seinem eigenen Schafstall – auch andere kommen zu ihm: Völker wandern zu seinem Licht und Könige zu seinem strahlenden Glanz. (vgl. Jes 60,3)

„Weil Gott über Israel seine Herrlichkeit aufleuchten lässt, wird die ganze Welt von seinem Glanz erhellt. Auch der Stern, den die Sterndeuter im Osten aufgehen sahen, hat seinen Glanz von der Sonne Christus."[2]

An diesem göttlichen Glanz, der Leben ist und Leben schenkt, ließ der Gottessohn die Apostel und deren Nachfolger teilhaben:

„Die Bischöfe sind durch den Herrn berufen, seine Herde zu weiden", schreibt Starez Siluan. „Der Heilige Geist – so heißt es – setzt die Hirten der Kirche ein; und im Heiligen Geist haben sie die Macht zu binden und zu lösen. Die Sorge für das Heil der Seelen ruht auf den Hirten der Kirche, die so große Gnaden in sich tragen, dass wir verwundert wären, wenn wir diese Herrlichkeit sehen könnten. Doch der Herr hält die Herrlichkeit verborgen, damit seine Diener nicht hoffärtig werden, sondern demütig bleiben und gerettet werden. Lasst uns unseren Hirten gehorsam sein, dann wird der Herr uns sein Licht und seinen Frieden geben und mit uns sein im Heiligen Geist."[3]

Auch Benedikt sieht den Abt, der würdig ist, einem Kloster vorzustehen, im Hirtenamt Jesu Christi. „Andere gut leiten oder sich gut leiten lassen, ist Sache von Weisen. Die Altväter erklären es als ein hohes Gnadengeschenk und eine Gabe des Heiligen Geistes. Keiner jedoch kann den ihm Anvertrauten heilsame Weisung geben, der selbst nicht gut unterrichtet ist. Und keiner kann einem Stellvertreter Christi gehorchen, der nicht wirklich von Gottesfurcht und Demut erfüllt ist und von der Sehnsucht, zur Herrlichkeit des ewigen Lebens voranzuschreiten."[4]

„Leuchte auf, Herr, deinem Volk mit dem Glanz deiner Gnade, damit wir den Retter der Welt erkennen, Jesus Christus, deinen Sohn, denn nicht ein Engel oder Bote, sondern dein Antlitz rettet uns. In deiner Liebe und deinem Mitleid erlöst du uns selbst. (vgl. Jes 63,9)

Sieh, dein Licht willkommen,
stehe auf, du Stadt des Herrn;
über dir erstrahlt der Stern,
ist der Tag erklommen.
Werde licht, Jerusalem,
Christus ist erschienen.
Christus ist gekommen,
er, der Herrscher, er, der Herr,
der das Reich, die Macht und Ehr
in die Hand genommen.
Freue dich, Jerusalem,
Christus ist erschienen.
Christus ist erschienen.
Seht, die Zeit des Heils begann;
alle Völker beten an
alles wird ihm dienen.
Bete an, Jerusalem,
Christus ist erschienen.

(GL 147)

---

2 Unsere Hoffnung, S. 111
3 vgl. Starez Siluan, Benziger-Verlag, 1999, S. 116
4 vgl. „Holzherr", S. 86

Aschermittwoch

Evangelium: Mt 6,1-6.16-18

Jesus sprach zu seinen Jüngern: Wenn du Almosen gibst, soll deine linke Hand nicht wissen, was deine rechte tut. Dein Almosen soll verborgen bleiben, und dein Vater, der auch das Verborgene sieht, wird es dir vergelten.
Wenn du betest, geh in deine Kammer und schließ die Tür zu; dann bete zu deinem Vater, der im Verborgenen ist. Dein Vater, der auch das Verborgene sieht, wird es dir vergelten.
Wenn du fastest, mach kein finsteres Gesicht. Salbe dein Haar, wenn du fastest, und wasche dein Gesicht, damit die Leute nicht merken, dass du fastest, sondern nur dein Vater, der auch das Verborgene sieht; und dein Vater, der das Verborgene sieht, wird es dir vergelten. (Auszug)

Dein Vater, der das Verborgene sieht, wird es dir vergelten

„Gottheit tief verborgen, betend nah ich dir", singen wir in einem Sakramentslied. Gott liebt es, verborgen unter uns gegenwärtig zu sein. Er ist verhüllt anwesend, wo zwei oder drei im Namen seines Sohnes versammelt sind – ebenso in armen, kranken, gefangenen Menschen – in Kindern, die aus Liebe zu ihm aufgenommen werden.

Den Jüngern offenbarte der auferstandene Herr seine Gegenwart, als sie bei verschlossenen Türen versammelt waren, und auch den Emmausjüngern, als er sie, zunächst unerkannt, auf ihrem Weg begleitete.

Jesus sagt: Das Reich Gottes (und das ist er selbst) ist mitten unter euch! Gott ist unsichtbar unter uns anwesend.

So ist er auch in unseren Herzen verborgen gegenwärtig. „Juble und freue dich, Tochter Zion; denn siehe, ich komme und wohne in deiner Mitte", ruft er uns durch den Propheten Sacharia zu. (2,14)

Wer Gott sucht, wer für ihn etwas tun, im Kontakt mit ihm sein und die Nähe Gottes erfahren will, findet ihn deshalb nur im Verborgenen.

Die deutsche Mystikerin Gertrud die Große (13. Jh.) wollte ihrem Herrn besonders in Hungernden und Armen dienen und wurde deshalb in dieser Sehnsucht erfinderisch: Da sie durch die Klausur (den abgeschlossenen Lebensbereich des Klosters) und auch oft durch Krankheit gehindert war, ihren Wunsch in die Tat umzusetzen, bat sie Jesus Christus: „Lehre du mich, durch welche Bemühungen ich dem Ruf deines Segens nachkommen kann."

Und der Herr zeigte ihr einen ganz verborgenen Weg, indem er antwortete:

„Ich bin das wahre Heil und das wahre Leben der Seele. Ohne Unterlass hungere und dürste ich in jedem Menschen nach dessen Heil. Daher wird derjenige, der sich bemüht, jeden Tag einige Worte der Heiligen Schrift zu lesen, meinen Hunger durch angemessene Speise stillen. Und wenn dieser Mensch darin liest mit dem Wunsch, die Gnade der Reue und Andacht zu erlangen, dann stillt er meinen Durst. Und wer versucht, am Tag wenigstens eine Stunde für mich frei zu sein, der bereitet mir eine gastliche Aufnahme. – Und der Mensch, der sich täglich in einer Tugend eifrig übt, der bekleidet mich würdig. – Wer ein Laster oder eine Versuchung überwindet, der hat mich gepflegt, als ich krank war. – Wer für die Sünder und die Seelen in der Läuterung betet, dessen Gebete nehme ich so an, als hätte er mich im Gefängnis besucht und durch seinen Trost gestärkt. – Wenn also ein Mensch aus Liebe zu mir sich täglich bemüht, besonders in der Fastenzeit, diesen werde ich gewisslich in meiner göttlichen Milde und königlichen Erhabenheit getreulich belohnen, gemäß meiner unfassbaren Allmacht und meiner unerforschlichen Weisheit und meiner barmherzigen, frei schenkenden Güte."[1]

Der Vater, der ins Verborgene sieht, wird das Verborgene vergelten, so verheißt er es auch heute im Evange-

---

[1] vgl. „Gesandte der göttl. Liebe", Verl. Lambert-Schneider, S. 275
Zum Thema siehe auch: L. Gunkel „Ich bin der Weg", Bd. II, 8. Sonntag im Jahreskreis, Benno-Verlag

lium. Voraussetzung ist jedoch ein reines, selbstlos-liebendes Herz, das Gott wahrhaft ohne Nebenabsichten sucht.

Wer ein reines Herz hat, der wird Gott schauen, sagt Jesus. Die Herzens-Augen werden den unsichtbaren Gott sehen, sie werden ihn in der Verborgenheit erkennen; es ist ein existenzielles Innewerden der Gegenwart Gottes, das tiefen Seelenfrieden schenkt – einen Frieden, wie ihn die Welt (d. h. der Lohn, den Menschen anbieten) nie geben kann.

Zu dieser Erfahrung möchte auch Benedikt seine Schüler hinführen, indem er ihnen nahe legt: „Gehen wir also in den Tagen der Fastenzeit über die gewohnte Pflicht unseres Dienstes hinaus durch besonderes Gebet und durch Verzicht beim Essen und Trinken. So möge jeder aus eigenem Willen in der Freude des Heiligen Geistes Gott etwas darbringen; er entziehe seinem Leib etwas an Speise, Trank und Schlaf und verzichte auf Geschwätz und Albernheiten. Mit geistlicher Sehnsucht und Freude erwarte er das heilige Osterfest." (RB Kap. 49)

Wacht auf, ihr Christen, seid bereit,
euch Gott in dieser Gnadenzeit
von Herzen darzubringen,
damit wir alle, neu erlöst,
am österlichen Freudenfest
das Halleluja singen.

(Brevier)

1. Fastensonntag

Evangelium: Mk 1,12-15

Der Geist trieb Jesus in die Wüste. Dort blieb er vierzig Tage lang und wurde vom Satan in Versuchung geführt. Er lebte bei den wilden Tieren, und die Engel dienten ihm. – Nachdem man Johannes ins Gefängnis geworfen hatte, ging Jesus wieder nach Galiläa; er verkündete das Evangelium Gottes und sprach: Die Zeit ist erfüllt, das Reich Gottes ist nahe. Kehrt um, und glaubt an das Evangelium.

Die Zeit ist erfüllt, das Reich Gottes ist nahe! Kehrt um und glaubt an das Evangelium

Mit dem Gottesreich, das in Jesus Christus anwesend ist, beginnt in der Weltgeschichte das Neue.

„Es stellt uns Menschen vor eine Entscheidung. Jetzt heißt es: Aufmerksam sein, um im geeigneten Zeitpunkt aktiv und kraftvoll handeln zu können. – Der geeignete Zeitpunkt, der rechte Augenblick heißt griechisch „Kairos". Kairos beschreibt das rechte Maß, die goldene Mitte, den Augenblick der Entscheidung. ‚Kairos' meint genau: Wenn die Zeit reif ist, dann fügt sich das ineinander, was zueinander gehört."[1] In diesem Sinn ist die österliche Bußzeit ein Kairos:

Gott will sich wieder neu mit uns verbinden, zu einem „ewigen Nun" – durch sein Wort, das Evangelium.

„Jetzt ist sie da, die Zeit der Gnade, jetzt ist er da, der Tag der Rettung", zitiert Paulus den Propheten Jesaja und erkennt gleichzeitig seinen persönlichen Kairos. Deshalb setzt er sich selbstlos für das Evangelium ein. Er schreibt: „Niemand geben wir auch nur den geringsten Anstoß, damit unser Dienst nicht getadelt werden kann. In allem erweisen wir uns als Gottes Diener, durch große Standhaftigkeit, … durch das Wort der Wahrheit, in der Kraft Gottes." (2 Kor 6,1 ff.)

Paulus bemüht sich in der Verkündigung um Selbstlosigkeit, um so den Geist Gottes einen Weg zu bahnen.

---

1 „So ein Zufall", Seifert, Herder spektrum, 2001, 52, 62

Auch nach Bernhard von Clairvaux (12. Jh.) ist ein lauteres, reines Herz die Voraussetzung für den Dienst am Gotteswort, weil das Evangelium – das Wort der Wahrheit – die Herzen der Menschen erreichen und zu Söhnen und Töchtern Gottes umgestalten will. Bernhard sagt in einer Predigt zum Hohen Lied: „Manchen Mannes Reinheit hat Gott gefallen ohne die Stimme der Predigt, keines Mannes Predigt aber ohne die Reinheit. Dem Unreinen zeigt sich die Wahrheit nicht, vertraut sich die Weisheit nicht an. Geh also nicht hin und wage zu bezeugen, was du nicht gesehen hast und zu reden, was du nicht weißt. – Du fragst, wen ich unrein nenne, nun, wer Menschenlob erheischt … wer die Frömmigkeit als Erwerbsquelle betrachtet; wer nicht Früchte, sondern Geschenke ernten will. Solche Menschen sind unrein. Obwohl sie wegen ihrer Unreinheit die Wahrheit nicht zu schauen vermögen, haben sie doch die Kühnheit, von ihr zu reden. – Das stolze Auge sieht die Wahrheit nicht, dem reinen aber liegt sie offen dar. Die Wahrheit hat keinen Grund, sich dem Auge und der Zunge des reinen Menschen zu verweigern. ‚Zum Sünder aber spricht Gott: Warum zählst du meine Satzungen auf, und was sprichst du von meinem Bunde?' (Ps 50,16) Viele haben zu reden versucht, bevor sie gesehen haben. Aber sie gerieten in schwere Irrtümer." [2]

Durch Bernhards Predigt sind sowohl die Verkünder als auch die Hörer des Gotteswortes angeregt, sich um ein reines, aufnahmebereites Herz zu bemühen.

Dazu ermuntert auch Benedikt seine Mönche mit folgenden Worten:

„Der Mönch soll zwar immer ein Leben führen wie in der Fastenzeit. Dazu haben aber nur wenige die Kraft.

Deshalb raten wir, dass wir wenigstens in diesen Tagen der Fastenzeit in aller Lauterkeit auf unser Leben achten … und uns um das Gebet unter Tränen, um die Lesung und die Reue des Herzens mühen." (Kap. 49)

„Benedikt greift hier ein Leitwort monastischen Selbstverständnisses auf, wenn er auf die Lauterkeit bzw. Reinheit des Lebens hinweist. Solche Reinheit besteht vor allem im Bemühen der Liebe. Damit gewinnt die Gestaltung dieser heiligen Tage bei Benedikt über die Bußwerke hinaus den Sinn einer umfassenden Wandlung des Mönchs. Von Bedeutung ist dabei das Wort *custodire*, das bei Benedikt besondere Aufmerksamkeit und Wachsamkeit meint und in der altkirchlichen Unterweisung als Beobachten der Gebote Gottes verstanden wird.

Der Aufruf an die ganze Gemeinschaft spornt alle an, jene Nachlässigkeiten zu vermeiden, die sich immer wieder einschleichen."[3]

Hört die Mahnung der Schrift:
Jetzt ist die Zeit der Gnade da!
Paulus sagt uns das Wort:
Jetzt ist die Stunde unsres Heils;
empfangt nicht vergeblich die göttliche Gabe!
Maßvoll lebe der Leib,
wachsam und lauter sei der Geist,
dass der Weg dieser Zeit
Durchgang zur Auferstehung sei.
Die Erde zu heilen, schuf Gott diese Tage.

(Brevier)

[2] Bernhard von Clairvaux, „Die Botschaft der Freude", 191, Benziger-Verl.
[3] M. Putzicha, Kommentar zur RB

2. Fastensonntag

Evangelium: Mk 9,2-10

Jesus nahm Petrus, Jakobus und Johannes beiseite und führte sie auf einen hohen Berg, aber nur sie allein. Und er wurde vor ihren Augen verwandelt, seine Kleider wurden strahlend weiß, so weiß, wie sie auf Erden kein Bleicher machen kann. Da erschien vor ihren Augen Elija und mit ihm Mose, und sie redeten mit Jesus. Petrus sagte zu Jesus: Rabbi, es ist gut, dass wir hier sind. Wir wollen drei Hütten bauen, eine für dich, eine für Mose und eine für Elija. Er wusste nämlich nicht, was er sagen sollte; denn sie waren vor Furcht ganz benommen. Da kam eine Wolke und warf ihren Schatten auf sie, und aus der Wolke rief eine Stimme: Das ist mein geliebter Sohn; auf ihn sollt ihr hören. Als sie dann um sich blickten, sahen sie auf einmal niemand mehr bei sich außer Jesus. Während sie den Berg hinabstiegen, verbot er ihnen, irgendjemand zu erzählen, was sie gesehen hatten, bis der Menschensohn von den Toten auferstanden sei. Dieses Wort beschäftigte sie, und sie fragten einander, was das sei: von den Toten auferstehen.

Sie fragten einander, was das sei: von den Toten auferstehen?

Zunächst ein Wort zur Art und Weise, wie die Evangelien überliefert wurden: „In der antiken Zeit mussten die Menschen sich vornehmlich auf ihr Gedächtnis verlassen. Wenn ein bedeutender Zeitgenosse etwas sagte, dann wurde dies noch von keiner Fernseh- oder Radiostation aufgenommen. Es saß kein Reporter und kein Stenograph dabei. Dies betraf auch alles, was Jesus tat und sagte. Die Jünger berichteten erst viele Jahre später im Licht des Auferstandenen von ihrer Vision und Audition auf dem Berg Tabor."[1] Dieses später Aufschreiben besagt, dass die Apostel und Jünger im Rückblick vieles besser verstanden, was ihnen vorher noch entgangen war. So berichteten sie z. B. auch im Licht des Auferstandenen von ihrer Vision und Audition[1] auf dem Berg Tabor."

Der Theologe Henri J. M. Nouwen beschreibt ähnliches Erleben mit folgenden Worten: „Etwas sehr Tiefes und Geheimnisvolles, etwas sehr Heiliges und Weihevolles findet in unserem Leben statt, gerade da, wo wir sind, und je aufmerksamer wir werden, desto deutlicher werden wir es zu sehen und zu hören beginnen. Je mehr unser geistliches Empfinden die Oberfläche unseres täglichen Lebens erfasst, desto mehr werden wir eine neue Gegenwart in unserem Leben entdecken – aufdecken."[2]

„Jeder von uns kennt solche Erfahrungen", schreibt auch der Benediktiner Anselm Grün. „Es sind Erfahrun-

---

1 „Unsere Hoffnung" 141
2 aus „Sammle deine Kraft", 239, Vier Türme Verlag

gen, in denen die Zeit still steht und wir einen Augenblick ganz da sind, ganz im Schauen, ganz bei uns. Das Paradox solcher Erfahrungen ist, dass wir uns selbst darin vergessen und zugleich doch ganz bei uns selbst sind. Wir denken nicht über uns nach, wir reflektieren nicht über uns, wir sind einfach. In solch einem Augenblick fallen Zeit und Ewigkeit zusammen."[3]

Der Theologe B. Rioux formuliert sein Gotteserlebnis so: „Je mehr wir uns Gott zuwenden, desto mehr antizipieren wir im gewissen Grad das Ziel, auf das wir hingeordnet sind. Es gibt somit eine Kontinuität zwischen irdischer Existenz und Jenseits, kein absolut anderes Irgendwo. Himmel und Erde können zwei verschiedene Zusammenhänge bezeichnen, unter denen vom einen und selben menschlichen Leben zu sprechen ist; zugleich kann der eine Zusammenhang den anderen erhellen, nämlich die zeitliche Seinsweise des irdischen Menschen seine ewige und umgekehrt."[4]

Von Gottesbegegnungen berichtet auch der Jesuit Piet van Breemen:

„In unserem Leben ist das Suchen und Finden Gottes zentral. (Ebenso in benediktinischen Gemeinschaften!) Es nimmt nie ein Ende. Gott finden heißt nicht, dass man ihn nicht weiter suchen muss. Wenn ich den Kugelschreiber oder Schlüsselbund verloren habe und ihn dann wiederfinde, muss ich nicht weiter suchen. Freilich: Eine Binsenwahrheit. Aber genauso selbstverständlich ist es, dass das Suchen Gottes nie ein Ende nimmt, weil er immer noch

[3] aus „Ostern entgegen", 148, Herder-Verlag
[4] aus Y. Congar „Im Geist und Feuer", 155, Herder-Verlag

größer, umfassender, überraschender ist, als wir ahnen können. ‚Damit er auch als Gefundener immer weiter gesucht werde, ist er unendlich.' (Augustinus) Gott will ein von uns erfahrener und erlebter Gott sein. Gott teilt sich mit, jedoch, ohne sich fassen zu lassen, das ist das große Leid und der ständige Ansporn der Mystiker"[5] – und auch der Apostel im heutigen Evangelium. –

Die Frage, was das denn sei, „von den Toten auferstehen?", hat nicht nur die Apostel beschäftigt. Sie beschäftigt auch uns. Sie bleibt offen, solange wir uns im irdischen Leib befinden. Aber fragenden und suchenden Menschen schenkt der auferstandene Herr auch in unserer Zeit Taborerlebnisse. Der Geist Jesu ist die Ursache jeder Gotteserfahrung. Er ist der Beherrscher von Raum und Zeit und wirkt im Innern der Menschen.

Komm herab, o Heilger Geist,
der die finstre Nacht zerreißt,
strahle Licht in diese Welt.
Komm, der alle Armen liebt,
komm, der gute Gaben gibt,
komm, der jedes Herz erhellt.
Komm, o du glückselig Licht,
fülle Herz und Angesicht,
dring bis auf der Seele Grund.
Ohne dein lebendig Wehn
kann im Menschen nichts bestehn,
kann nichts heil sein noch gesund.

(GL 244)

[5] „Was zählt ist Liebe", Herder-Verlag, 135

3. Fastensonntag

Evangelium: Joh 2,13-25 oder Joh 4,5-42
Auszüge aus beiden Evangelien:

1. Jesus sagte zu den Juden: Reißt diesen Tempel nieder, in drei Tagen werde ich ihn wieder aufrichten. Da sagten die Juden: Sechsundvierzig Jahre wurde an diesem Tempel gebaut und du willst ihn in drei Tagen wieder aufrichten? Er aber meinte den Tempel seines Leibes. Als er dann von den Toten auferstanden war, erinnerten sich seine Jünger, dass er dies gesagt hatte, und sie glaubten der Schrift und dem Wort, das Jesus gesprochen hatte.
2. Jesus war müde von der Reise und setzte sich an den Jakobsbrunnen. Da kam eine samaritische Frau, um Wasser zu schöpfen … (Nachdem Jesus ihr alles, was sie getan hatte, zum Bewusstsein gebracht hatte) sagte sie zu ihm: Herr, ich sehe, dass du ein Prophet bist. Unsere Väter haben auf diesem Berg Gott angebetet, ihr aber sagt, in Jerusalem sei die Stätte, wo man anbeten muss. Jesus sprach zu ihr: Glaube mir, Frau, die Stunde kommt, und sie ist schon da, zu der die wahren Beter den Vater ***anbeten*** *werden* ***im Geist und in der Wahrheit:*** *denn so will der Vater angebetet werden. Gott ist Geist, und alle, die ihn anbeten, müssen im Geist und in der Wahrheit anbeten.*

Reißt diesen Tempel nieder, in drei Tagen werde ich ihn wieder aufrichten

Reißt diesen Tempel nieder …

„Der Tempel war das Zeichen der Gegenwart Gottes, die Stätte der Begegnung des Volkes mit Gott, also das Gotteshaus. Gott war darin in der Bundeslade, im Allerheiligsten, anwesend. Hier erteilte der Allmächtige seine Wahrsprüche.

Gottes Gegenwart konnte – obwohl sie verhüllt war – auch erfahrbar werden. Für religiös oberflächliche Menschen wurden die Zeremonien, die in diesem Heiligtum stattfanden, jedoch zu leeren Gesten. Ihre Anhänglichkeit an den Tempel verwandelte sich mitunter in abergläubiges Vertrauen.

Jesus liebte und schätzte den Tempel als Haus seines Vaters, als Haus des Gebetes. Er geriet in Zorn über die Entwürdigung, die durch den Verkauf an heiliger Stätte geschah. Dennoch hatte er den aus Steinen gebauten Jerusalemer Tempel nicht im Blick, als er sagte: Reißt diesen Tempel nieder, sondern …

… er meinte den Tempel seines Leibes

In diesem hat Gott seine Wohnstätte unter den Menschen aufgeschlagen. Jesus selbst war und ist der neue Tempel. – Am Kreuz wurde der Tempel seines Leibes zwar zerstört, in der Auferstehung aber wieder aufgerichtet. Jesu Leib nahm nun als Zeichen der göttlichen Gegenwart einen neuen verklärten Zustand an. Der verklärte

Leib ermöglicht es ihm, in der Feier der Eucharistie an allen Orten und zu allen Zeiten gegenwärtig zu werden.[1]

Der neue Tempel im Geist und in der Wahrheit …

… sind jetzt wir Christen, in denen der auferstandene Herr durch Taufe und Eucharistie anwesend ist. „Wisst ihr nicht, dass ihr Tempel Gottes seid und dass der Geist Gottes in euch wohnt?", schreibt Paulus an die Gemeinde in Korinth. (1.6,19) Überall dort, wo Christen im Namen Jesu versammelt sind, ist er mitten unter ihnen – da ist Haus Gottes. Deshalb nennt Benedikt nicht nur den Gottesdienstraum, sondern das ganze Kloster Haus Gottes. Er möchte, dass alle Gegenstände des Klosters so ehrfurchtsvoll behandelt werden wie Altargeräte, weil alle Lebensvollzüge der Mönche im Namen Jesu Christi geschehen. Mit Christus soll der Mönch sich selbst als lebendiges und heiliges Opfer darbringen, das Gott gefällt, denn das ist für ihn der wahre und angemessene Gottesdienst. (vgl. Röm 12,1) – Benedikt gibt aber dennoch den ausschließlichen Gebetszeiten den Vorrang, indem er anordnet: Nichts soll dem Gottesdienst vorgezogen werden (RB 43,3), denn in christlichen Gottesdiensten können die Getauften den Vater im Geist und in der Wahrheit anbeten, weil alle Gebete durch Christus und mit ihm und in ihm dargebracht werden.

Aber nicht nur in Gottesdiensten, in jedem Herzensgebet eines Christen ist der Heilige Geist gegenwärtig, und wenn der Beter nicht weiß, um was er beten soll, dann

[1] frei nach WBB, 651 ff.

tritt der Geist Gottes mit unaussprechlichen Seufzern für ihn ein.

Auf der letzten Seite der Bibel steht das Wort: „Seht, das Zelt Gottes unter den Menschen! Er wird in ihrer Mitte wohnen, und sie werden sein Volk sein, und er, Gott, wird bei ihnen sein. Er wird alle Tränen aus ihren Augen abwischen." (Offb 21,3-4)

Seht! – „Ist jetzt schon etwas von der verheißenen Wohnung Gottes unter uns zu sehen?", fragt der Theologe Johannes Bours, und er antwortet: „Überall dort, wo Menschen sich Annahme, Heimat, Geborgenheit und Frieden schenken, wo Zuwendung und Begegnung geschieht, wo Menschen Tränen abwischen, da ist etwas von diesem ‚Seht!', da wird die Verheißung von Gottes Nähe glaubwürdig."[2]

„Seht Gottes Zelt auf Erden!
Verborgen ist er da;
in menschlichen Gebärden
bleibt er den Menschen nah.
Sein wandernd Volk will leiten
der Herr in dieser Zeit;
er hält am Ziel der Zeiten
dort ihm sein Haus bereit.
Gott, wir loben dich,
Gott wir preisen dich.
O lass im Hause dein
uns all geborgen sein.

(GL 639)

---

2 vgl. J. Bours, aus: Ders., Nehmt Gottes Melodie in euch auf, a.a.O.

4. Fastensonntag

Evangelium: Joh 3,19-21 oder Joh 9,39-41
Auszüge aus beiden Evangelien:

1. Mit dem Gericht verhält es sich so: Das Licht kam in die Welt, und die Menschen liebten die Finsternis mehr als das Licht, denn ihre Taten waren böse. Jeder, der Böses tut, hasst das Licht und kommt nicht zum Licht, damit seine Taten nicht aufgedeckt werden. Wer aber die Wahrheit tut, kommt zum Licht, damit offenbar wird, dass seine Taten in Gott vollbracht sind.
2. Jesus sagte: Um zu richten, bin ich in die Welt gekommen: damit die Blinden sehend und die Sehenden blind werden. Einige Pharisäer, die bei ihm waren, hörten dies. Und sie fragten: Sind etwa auch wir blind? Jesus antwortete ihnen: Wenn ihr blind wärt, hättet ihr keine Sünde. Jetzt aber sagt ihr: Wir sehen. Darum bleibt eure Sünde.

Um zu richten, bin ich in die Welt gekommen: Damit die Blinden sehend und die Sehenden blind werden

Diesem Wort Jesu geht die Heilung eines blind Geborenen voraus; umso herausfordernder wirkt es. Dass durch Jesus – den Heiland der Welt – Blinde sehend werden, ist einsichtig, aber dass durch ihn Sehende blind werden, erscheint fragwürdig.

Jesus hatte nicht körperlich Blinde oder Sehende im Blick, als er das Wort sagte. Er sprach zu Menschen, die eine blinde Herzensverfassung hatten, zu Unaufrichtigen, zu Heuchlern.

„Heuchler sind jene, deren Verhalten mit den Gedanken ihres Herzens nicht übereinstimmt. Sie wollen ihre Mitmenschen täuschen und auf diese Weise täuschen sie sich selbst. So werden sie für ihren eigenen inneren Zustand blind. – Religiöse Heuchler scheinen für Gott zu handeln, handeln aber in Wirklichkeit für sich selbst. Ihre Verhaltensweisen, die höchst lobenswert sein können, werden durch das Bestreben ‚gesehen zu werden' entwertet. Heuchelei kann zur Verhärtung führen. Der Heuchler sieht als Wahrheit an, was er glaubhaft machen will, deshalb hält er sich für gerecht und wird für jeden Anruf zur Bekehrung taub."[1]

Jeder Mensch – auch jeder Christ oder Mönch – ist in Gefahr, ein Heuchler zu werden. Benedikt spricht schon im ersten Kapitel seiner Regel von den Sarabaiten, den

[1] nach WBBB, 327 ff.

Unaufrichtigen unter den Mönchen, die von Kloster zu Kloster ziehen und sich verwöhnen lassen. Er schreibt: „Man sieht, dass sie Gott durch die Tonsur (das Zeichen des Mönchseins) belügen. Was sie meinen und wünschen, das nennen sie heilig, was sie nicht wollen, das halten sie für unerlaubt. Gesetz ist ihnen, was ihnen behagt und wonach sie verlangen."

Besonders in Gefahr, unaufrichtig zu werden, sind Menschen, die eine führende Stellung innehaben. Zur Zeit Jesu war die jüdische Sekte der Pharisäer die geistige und geistliche Führerschicht. „Ihnen sagt Jesus dieses harte Wort, um die verschlossenen Türen ihrer Herzen zu öffnen. Er reißt ihnen die Maske vom Gesicht und prangert ihre eigentliche Sünde, die innere Fäulnis, an; denn sie sind auf dem Weg, Gottlose zu werden."[2] – Die Pharisäer verstehen sehr gut, was Jesus ihnen sagen will; denn sie fragen: Sind auch wir blind? Jesus bestätigt es ihnen; denn ihre Sünde besteht darin, dass sie sagen: Wir sehen! – Wir kennen Gottes Gesetz. Wir wissen den Weg, der zu ihm hin führt und können ihn lehren." Aber dieses Wissen bleibt nur im Verstand. Da sie unlauter sind, fehlt ihnen die Herzenserkenntnis, die Liebe zu Gott und zu ihren Mitmenschen – ihr Herz ist in der Finsternis. So sind sie blind für das Licht Gottes, das in seinem Sohn Jesus Christus in der Welt ist.

Wer die Wahrheit tut, kommt ans Licht

„Wahrhaftig ist ein Mensch, der in sich echt und stimmig ist. Er lebt nicht aus Berechnung, er ist frei von Intri-

---

2 nach WBBB, 327 ff.

gen, von Diplomatie, von Manipulationen, von Überlegungen, wie er bei anderen besser ankommen könnte. Er sagt, was er denkt, er handelt, wie er es in seinem Herzen fühlt, er lebt in Übereinstimmung mit sich selbst."[3]

Ein solcher Mensch lebt in der Wahrheit. Er tut die Wahrheit und ist nicht fern vom Reich Gottes, von Jesus Christus – ob er es weiß oder nicht. Der Gottesgeist ist in ihm wirksam. Seine Herzensaugen können sehen. Sobald der wahrhaftige Mensch mit dem Gotteswort in Berührung kommt, erfährt er es als Licht und Wahrheit für sein Leben. Er wird sehend für Gottes Heilsangebot in Jesus Christus, der nun für ihn Weg, Wahrheit und Leben ist.

O Jesu Christe, wahres Licht,
erleuchte, die dich kennen nicht,
und bringe sie zu deiner Herd,
dass ihre Seel auch selig werd.
Lass alle, die im Finstern gehn
die Sonne deiner Gnade sehn;
und wer den Weg verloren hat,
den suche du mit deiner Gnad.
So werden alle wir zugleich
auf Erden und im Himmelreich
hier zeitlich und dort ewiglich
für solche Gnade preisen dich.

(GL 643)

---

[3] nach Anselm Grün, „50 Engel für das Jahr", 39, Herder spektrum

5. Fastensonntag

Evangelium: Joh 12,20-33 oder Joh 11,1-45
Auszüge aus beiden Evangelien:

1. Jesus sagte: Jetzt ist meine Seele erschüttert; was soll ich sagen? Vater, rette mich aus dieser Stunde? Aber deshalb bin ich in diese Stunde gekommen. Vater, verherrliche deinen Namen! Da kam eine Stimme vom Himmel: Ich habe ihn schon verherrlicht und werde ihn wieder verherrlichen. Die Menge, die dabeistand und das hörte, sagte: Es hat gedonnert. Andere sagten: Ein Engel hat zu ihm geredet. Jesus antwortete: Nicht mir galt diese Stimme, sondern euch. Jetzt wird Gericht gehalten über diese Welt; jetzt wird der Herrscher dieser Welt hinausgeworfen werden. Und ich, wenn ich von der Erde erhöht bin, werde ich alle zu mir ziehen. Das sagte er, um anzudeuten, auf welche Weise er sterben werde.
2. Ein Mann war krank, Lazarus aus Betanien. Seine Schwestern sandten Jesus die Nachricht: Herr, dein Freund ist krank. Als Jesus das hörte, sagte er: Diese Krankheit wird nicht zum Tod führen, sondern dient der Verherrlichung Gottes: Durch sie soll der Sohn Gottes verherrlicht werden. – Dann sagte er zu ihnen: Lazarus, unser Freund, schläft; aber ich gehe hin, um ihn aufzuwecken. Jesus hatte aber von seinem Tod gesprochen, während die Jünger meinten, er spreche vom gewöhnlichen Schlaf. –

Jesus ging zum Grab und sagte: Nehmt den Stein weg! Marta, die Schwester des Verstorbenen, entgegnete ihm: Herr, er riecht aber schon. Jesus sagte zu ihr: Habe ich dir nicht gesagt: Wenn du glaubst, wirst du die Herrlichkeit Gottes sehen? Da nahmen sie den Stein weg. – Dann rief Jesus mit lauter Stimme: Lazarus, komm heraus! Da kam der Verstorbene heraus.

Vater, verherrliche deinen Namen!

Für Jesus beginnt die große und lange Stunde des Leidens und Sterbens. Er ist in Todesnot. Sein Gebet: Vater, rette mich aus dieser Stunde!, könnte zunächst die Bitte sein: Vater, erspare mir den Leidensweg! Die Fortsetzung „aber deshalb bin ich in diese Stunde gekommen", sagt jedoch aus, dass die Rettung gerade in der Passion und durch sie hindurch geschieht. Der Vater wird retten, indem er seinen Namen verherrlicht.

– Der Name steht im Alten Testament für die Person und kennzeichnet ihr Wesen. Mose besingt den göttlichen Namen in folgendem Lied: „Ich will den Namen des Herrn verkünden: Er heißt: DER FELS! Vollkommen ist, was er tut; denn alle seine Wege sind recht. Er ist ein unbeirrbar treuer Gott, er ist gerecht und gerade." (Dt 32,3.4)

Hier ist ausgesagt, dass Gott seinen Namen verherrlicht, indem er treu und unbeirrbar zu seinem Versprechen, zu seiner Verheißung steht und sie auch erfüllt. Die

Verheißung ist die Zusage des nie endenden, ewigen Lebens. „Deshalb hat der Vater seinen Sohn in die Welt gesandt, damit wir Menschen, die wir dem Tod verfallen sind, wieder das Leben haben und es in Fülle haben.“ [1] Der Sohn will uns göttliches Leben, das er vom Vater empfangen hat, schenken. Wie der Vater die Toten auferweckt und lebendig macht, so macht auch der Sohn lebendig, wen er will.

Indem Vater und Sohn gemeinsam neues Leben schenken und indem sie dadurch ihr liebendes Einssein offenbaren, verherrlichen sie sich gegenseitig. Das zeigt die Auferweckung des Lazarus: Sie dient der Verherrlichung Gottes und ebenso der Verherrlichung des Sohnes.

„Herrlichkeit“ (griech. doxa) ist im Johannesevangelium und schon zuvor im Alten Testament ein Begriff, der Gott und dem Göttlichen zukommt, und zwar in zwei Bedeutungsformen, von denen jeweils eine überwiegt: **göttlicher Lichtglanz – göttliche Macht**.

Die Herrlichkeit, von der im Johannesevangelium gesprochen wird, enthält gleichzeitig beide Bedeutungen: Herrlichkeit als Lichtglanz zeigt, dass Jesus von der Liebe des Vaters durchstrahlt und durchglüht ist. Herrlichkeit als Macht zeigt, dass der Vater dem Sohn alles schenkt, was er selbst ist und hat: Seinen Namen, seine Worte, er gibt ihm ‚alles‘ in die Hand, d. h. die Fülle des Hl. Geistes.“ [2]

Aber jetzt, in der Stunde des Leidens und Sterbens, sind im Gottessohn sowohl der Glanz als auch die Macht

---

[1] 1 Joh 2,25; vgl. Joh 10,10; 5,26; 5,21; 17,11; 17,8; 3,25

[2] Thüsing, „Herrlichkeit und Einheit“, Patmos-Verlag, Düsseldorf, 43, 102

verdunkelt. Der Sohn gibt dem Vater die von ihm empfangene Herrlichkeit zurück und bittet darum, dass der Vater das begonnene Werk vollenden möge. – Der Vater, der den Sohn schon durch gemeinsame Worte und Zeichen verherrlichte, sagt ihm eine neue Verherrlichung zu. Sie wird in der tiefsten Erniedrigung, die zugleich die Erhöhung am Kreuz ist, geschehen. Dort wird der Sohn durch den Heiligen Geist alle zu sich ziehen; sie werden an der Herrlichkeit der göttlichen Liebe in Glanz und Macht teilhaben.

Für die Glaubenden wird **ihre** Stunde des Leidens und Sterbens von nun an auch die Stunde der Rettung werden, die Stunde, in der Gott Vater seinen Namen verherrlichen will. Der drohende Tod, den sie täglich vor Augen haben (vgl. RB 4,47), wird auch für sie nicht mehr die Stunde der Vernichtung sein, sondern die Stunde, in der Jesus sie – wie Lazarus – aus dem „Schlaf" auferwecken wird zum ewigen Leben.

Herr, Jesus Christus,
der Liebe Reichtum zeigt dein geöffnet' Herz.
Aus Blut und Wasser keimt dir ein Erbe auf.
Du hängst am Kreuz und lehrst uns sterbend,
wie dieser Welt die Vollendung werde.

In deinem Blute sind wir gerecht gemacht,
sind wir gerettet vor dem Gericht des Zorns.
So singen wir dem Vater Ehre, dir seinem Sohn
und dem Geist der Liebe! Amen.

(Brevier)

Palmsonntag

Evangelium: Mk 11,1-10

Als Jesus mit seinen Jüngern in die Nähe von Jerusalem kam, nach Betfage und Betanien am Ölberg, schickte er zwei seiner Jünger voraus. Er sagte zu ihnen: Geht in das Dorf, das vor euch liegt; gleich wenn ihr hineinkommt, werdet ihr einen jungen Esel angebunden finden, auf dem noch nie ein Mensch gesessen hat. Bindet ihn los und bringt ihn her! Da machten sie sich auf den Weg. – Sie brachten den jungen Esel zu Jesus, legten ihre Kleider auf das Tier, und er setzte sich darauf. Und viele breiteten ihre Kleider auf der Straße aus, andere rissen auf den Feldern Zweige von den Büschen ab und streuten sie auf den Weg. Die Leute, die vor ihm hergingen und die ihm folgten, riefen: Hosanna! Gesegnet sei er, der kommt im Namen des Herrn! Gesegnet sei das Reich unseres Vaters David, das nun kommt. Hosanna in der Höhe! (Auszug)

Die Leute, die vor ihm hergingen und die ihm folgten, riefen: Hosanna!

Jesus wird von Festpilgern begleitet. Der Evangelist nennt sie „Leute". „Leute" sind die breite Masse – eine Menschenmenge – eine Massenansammlung. Spricht man von Leuten, so kommt es auf einige mehr oder weniger nicht an. Davon haben wir genug! Leute sind „jedermann", sie tun alle dasselbe, sie sagen dasselbe, sie vertreten die allgemeine Meinung, sie haben kein individuelles Profil. Die Neugierde treibt sie zusammen.

Jetzt jubeln sie: „Hosanna!" Wenig später werden sie schreien: „Kreuzige ihn!"

„Hosanna!" ist hier ein Jubelruf. Die wörtliche Übersetzung heißt: Hilf doch! Ahnungslos, aber geradezu prophetisch, rufen die Leute: „Hilf doch!" Denn Jesus zieht in Jerusalem ein, um seinem Volk zu helfen, um es zu retten. Er will den göttlichen Ratschluss erfüllen und seinen Brüdern in allem gleich werden. Er will die Not der Menschen miterleben, um sie daraus retten zu können. Weil er selbst in der Versuchung standhaft blieb und weil er das Leiden annimmt, kann er fortan denen helfen, die in Versuchung geführt werden.[1]

Aber helfen kann Jesus nur Suchenden und Fragenden, die aus der Anonymität der „Leute", der Masse, heraustreten und ganz persönlich zu ihm kommen. Diese werden in ihm den Messias erkennen.

---

[1] Hebr 2,17 u. 2,18

„Für wen halten die Leute den Menschensohn?", fragt Jesus einmal seine Jünger. Sie antworten: „Die einen für Johannes den Täufer, andere für Elija, wieder andere für Jeremia oder sonst einen der Propheten." Und dann stellt Jesus die entscheidende Frage: „Ihr aber, für wen haltet ihr mich?" Die Jünger gehören nicht zu den sogenannten Leuten, denn sie haben sich persönlich für Jesus entschieden und sind deshalb offen für die vom Vater geschenkte Erkenntnis. So kann Petrus antworten: „Du bist der Messias, der Sohn des lebendigen Gottes." (Mt 16,13 ff.)

Um in Jesus den Messias, den Gottessohn, den Heiland erkennen zu können, muss einerseits „die Gnade zum Menschen kommen. Von sich aus kann der Mensch bestenfalls bis ans Tor gehen, aber niemals den Eintritt erzwingen. Die Gnade kann auch zu ihm kommen, ohne dass er sie sucht, ohne dass er sie will. Die Frage ist, ob sie ihr Werk ohne Mitwirkung seiner Freiheit vollenden kann. Diese Frage muss verneint werden. Das ist ein schwerwiegendes Wort. Denn hier zeigt sich, dass Gottes Freiheit, die wir Allmacht nennen, an der menschlichen Freiheit eine Grenze findet. Die Gnade ist der Geist Gottes, der sich zur Seele des Menschen herabsenkt. Sie kann darin keine Stätte finden, wenn sie nicht frei aufgenommen wird. Das ist eine harte Wahrheit."[2]

Deshalb spricht Benedikt, der seine Regel für Mönchsgemeinschaften schrieb, im Prolog und im letzten Kapitel jeden Berufenen ganz persönlich an. Er schreibt: „Wenn du also zum himmlischen Vaterland eilst, wer immer du bist, nimm diese einfache Regel als Anfang und erfülle sie mit der Hilfe Christi." (73,8) – Vom Altvater Kassian († 430) ist in diesem Zusammenhang folgendes Wort überliefert: „Christus zwingt niemand durch ein nötigendes Gebot ... sondern er spricht unseren freien Willen an, er sensibilisiert uns mit seinem guten Rat und entzündet in uns Sehnsucht nach ihm."[3]

Der feierliche Einzug in Jerusalem bildet den Auftakt zum eigentlichen Passionsgeschehen, in dem Jesus ringt, leidet und stirbt. Dieser Einzug ist begleitet von vielen Leuten, die viele Worte machen.

Am Ende der Passion, unter dem Kreuz sagt (nach dem Evangelisten Markus) nur noch eine Person **das Wort**: Der Hauptmann, der Jesus gegenübersteht und ihn sterben sieht: „**Wahrhaftig, dieser Mensch war Gottessohn.**" (15,39) In diesem Wort erreicht der Leidensbericht seinen Höhepunkt und seine Erfüllung.

O Herz des Königs aller Welt,
des Herrschers in dem Himmelszelt,
dich grüßt mein Herz mit Freuden.
Du Träger aller Bürd und Last,
du aller Müden Ruh und Rast,
du Trost in allem Leiden.
Ach wie bezwang und drang dich doch
deine edle Lieb ins bittre Joch
der Schmerzen dich zu geben,
da du dich neigtest in den Tod,
zu retten aus der Todesnot
mich und mein armes Leben.

(GL 549)

2 E. Stein „Das Kreuz wie eine Krone tragen", 60, Benziger-Verlag
3 Holzherr 286

Gründonnerstag

Evangelium: Joh 13,1-15

Es war vor dem Paschafest. Jesus wusste, dass seine Stunde gekommen war, um aus dieser Welt zum Vater hinüberzugehen. Da er die Seinen, die in der Welt waren, liebte, erwies er ihnen seine Liebe bis zur Vollendung. Jesus, der wusste, dass ihm der Vater alles in die Hand gegeben hatte und dass er von Gott gekommen war und zu Gott zurückkehrte, stand vom Mahl auf, legte sein Gewand ab, umgürtete sich mit einem Leinentuch. Dann goss er Wasser in eine Schüssel und begann den Jüngern die Füße zu waschen und mit dem Leinentuch abzutrocknen, mit dem er umgürtet war. – Als er ihnen die Füße gewaschen, sein Gewand wieder angelegt und Platz genommen hatte, sagte er zu ihnen: Begreift ihr, was ich euch getan habe? Ihr sagt zu mir Meister und Herr, und ihr nennt mich mit Recht so; denn ich bin es. Wenn nun ich, der Herr und Meister, euch die Füße gewaschen habe, dann müsst auch ihr einander die Füße waschen. Ich habe euch ein Beispiel gegeben, damit auch ihr so handelt, wie ich an euch gehandelt habe. (Auszug)

Da Jesus die Seinen liebte, die in der Welt waren, erwies er ihnen seine Liebe bis zur Vollendung

Im Johannesevangelium steht eine Grundsatzerklärung für Gottes Erlösungswerk an und in uns Menschen mit den Worten:

„Gott hat die Welt so sehr geliebt, dass er seinen einzigen Sohn hingab, damit jeder, der an ihn glaubt, nicht zugrunde geht, sondern das ewige Leben hat." (Joh 3,16) – Gott schenkt seine Zuwendung, seine Liebe, und wer sich dieser Liebe öffnet, der wird in ihr ewig leben. –

Wie bereitwillig ist das Angebot von Gott her, aber wie unzugänglich sind wir Menschen!

Gott Vater kommt uns entgegen, indem er die göttliche Liebe in seinem Sohn menschlich werden lässt. Er gibt dem Sohn alles in die Hand, d. h. die ganze göttliche Vollmacht, so dass dieser sich immer mehr der menschlichen Aufnahmefähigkeit anpassen kann.

Aber Jesus stößt von Seiten der Menschen auf Widerspruch, Arroganz und Ablehnung. Dennoch bleibt er ihnen in aufrichtiger Liebe zugewandt; „denn Liebe ist ein ‚Ja' zu dem, was ist, und echte Freude darüber, dass es ist". (L. Boros)

Liebe ist auch erfinderisch, sie weiß, dass es für den Geliebten immer noch Möglichkeiten gibt, geistig und seelisch zu wachsen. Deshalb schließt der Liebende den Schmerz nicht aus; denn Liebe ohne Schmerz gibt es in dieser Welt nicht. „Wer liebt, muss alles Harte und Bittere um des Geliebten willen gerne auf sich nehmen. Er darf sich, wenn er auf Widrigkeiten stößt, nicht von ihm wenden"[1], schreibt Thomas von Kempen, weil er es so von seinem Meister gelernt hat:

Jesus erniedrigte sich vor den Menschen auch dort, wo er Ablehnung erfuhr. So erwies er „den Seinen" Liebe bis zur Vollendung. Zu den Seinen gehören alle Menschen, die wie er in der menschlichen Daseinsweise sind. Aber die Jünger sind ihm besonders nahe; deshalb dient er ihnen in der Fußwaschung vorbildlich wie ein Sklave.

Und dann geht er noch einen Schritt weiter, indem er sich denjenigen, die ihn hassen, zur Kreuzigung ausliefert.

Und danach – als wäre es noch nicht genug der Selbsthingabe – verschenkt er sich in der Eucharistischen Speise, im Eucharistischen Trank. –

Wer in dieser Welt in der Liebe bleiben will, der muss bereit sein wie Jesus zu verzichten auf Ehre, Anerkennung, Macht, Besitz, Genuss, Wohlergehen – auf alles, was dem liebe-losen Menschen das Wichtigste ist, das er auf Kosten der Liebe zu Gott und den Mitmenschen anstrebt.

„Die Liebe möchte frei sein, gelöst von jeder Anhänglichkeit an Weltliches. Sie möchte nicht in zeitliche Annehmlichkeiten verwickelt sein, noch beeinträchtigt werden von Unannehmlichkeiten."[2]

Wer um der Liebe willen verzichtet, der geht – seit Jesus diesen Weg geheiligt hat – nicht leer aus. Er erfährt sich auf eine neue, geheimnisvolle Art und Weise beschenkt, denn: „Wo die Güte und die Liebe ist, da ist Gott." (GL 854)

[1,2] E. Easwaran, „Mit den Augen der Liebe", Herder-Verlag, 234

Der Dichter Werner Bergengruen hat diese Erfahrung in einem seiner tiefsinnigen Gedichte ins Wort gebracht:

„Was dem Herzen sich verwehrte,
lass es schwinden unbewegt,
allenthalben das Entbehrte
wird dir mystisch zugelegt.
Liebt doch Gott die leeren Hände
und der Mangel ist Gewinn,
überall enthüllt das Ende
sich als strahlender Beginn!
Jeder Schmerz entlässt dich reicher,
preise die geweihte Not!
Und aus nie geleertem Speicher
nährt dich das geheime Brot.“

Sakrament der Liebe Gottes:
Leib des Herrn sei hoch geehrt;
Mahl, das uns mit Gott vereinigt,
Brot, das unsre Seele nährt.
Blut, in dem uns Gott besiegelt
seinen Bund, der ewig währt.

Lob und Dank sei Gott dem Vater,
der das Leben uns verheißt,
seinem Wort, dem ew'gen Sohne,
der im Himmelsbrot uns speist;
auch der Born der höchsten Liebe
sei gelobt, der Heil'ge Geist.

(GL 542)

Karfreitag

Evangelium: Joh 18,1-19,42

Pilatus lieferte Jesus aus, damit er gekreuzigt würde. Jesus trug sein Kreuz und ging hinaus zur sogenannten Schädelstätte, die auf hebräisch Golgota heißt. Dort kreuzigten sie ihn und mit ihm zwei andere, auf jeder Seite einen, in der Mitte Jesus. Pilatus ließ auch ein Schild anfertigen und oben am Kreuz befestigen; die Inschrift lautete: Jesus von Nazaret, der König der Juden. –
Bei dem Kreuz standen seine Mutter und die Schwester seiner Mutter, Maria, die Frau des Klopas, und Maria Magdalena. Als Jesus seine Mutter sah und bei ihr den Jünger, den er liebte, sagte er zu seiner Mutter: Frau, siehe, dein Sohn! Dann sagte er zu dem Jünger: Siehe, deine Mutter! Und von jener Stunde an nahm sie der Jünger zu sich.
Danach, als Jesus wusste, dass nun alles vollbracht war, sagte er, damit sich die Schrift erfüllte: Mich dürstet. Ein Gefäß mit Essig stand da. Sie steckten einen Schwamm mit Essig auf einen Ysopzweig und hielten ihn an seinen Mund. Als Jesus den Essig genommen hatte, sprach er: Es ist vollbracht! Und er neigte sein Haupt und gab seinen Geist auf! (Auszug)

Wie Mose die Schlange in der Wüste erhöht hat, so muss der Menschensohn erhöht werden, damit jeder, der an ihn glaubt, in ihm das ewige Leben hat *(Joh 3,14)*

Im Alten Testament ist Folgendes berichtet: „Die Israeliten brachen vom Berg Hor auf und schlugen die Richtung zum Schilfmeer ein. Unterwegs aber verlor das Volk den Mut, es lehnte sich gegen Gott und gegen Mose auf. – Da schickte der Herr Giftschlangen unter das Volk. Sie bissen die Menschen und viele Israeliten starben. – Da betete Mose für das Volk. Der Herr antwortete: Mach dir eine Schlange und hänge sie an einer Fahnenstange auf! Jeder, der gebissen wird, wird am Leben bleiben, wenn er sie anschaut." (Num 21,4 ff.)

Jesus sieht in der Schlange, die an den Pfahl geheftet wurde, ein Vorbild für seine Kreuzigung. Auch hier geschieht die Erhöhung an den Pfahl, damit Menschen, die dem Tod verfallen sind, am Leben bleiben können.

Für Jesus ist aber mit dieser schmerzhaften Erhöhung der Lebenshingabe eine zweite Erhöhung verbunden:

Als er sagte „es ist vollbracht" und als er seinen Geist aushauchte, stieg er gleichzeitig zum Vater auf in seine Herrlichkeit. „Die Stunde seines Todes **ist** seine Verherrlichung. Im Kreuzestod vollzieht sich Jesu Herrschaftsantritt." (A. Smitmans) Jetzt kann er allen, die vertrauensvoll zu ihm aufblicken, den Heiligen Geist und in ihm nie endendes, zutiefst erfülltes göttliches Leben schenken.

Im Kreuz des Sohnes hat der Vater für alle, die Gott fürchten, ein Zeichen aufgestellt, zu dem sie fliehen können vor dem Bogen. (vgl. Ps 60)

Auch wir, die wir dem Tod verfallen sind, werden mit den Worten des Psalmisten ermutigt: Blickt auf zu ihm, so wird euer Gesicht leuchten und ihr braucht nicht zu erröten! (vgl. Ps 34)

Blickt auf zu ihm! Wann?
Immer, zu jeder Zeit, in jeder Situation, aber besonders in leidvollen Lebensumständen:
Blickt auf zu ihm!, wenn ihr in Sünde gefallen seid.
Blickt auf zu ihm!, wenn euch Misserfolge entmutigen wollen.
Blickt auf zu ihm!, wenn ihr verachtet und verspottet werdet.
Blickt auf zu ihm!, wenn ihr Unrecht erleiden müsst.
Blickt auf zu ihm!, wenn ihr verlassen und einsam seid.
Blickt auf zu ihm!, wenn ihr am Sinn eures Lebens zweifelt.
Blickt auf zu ihm!, wenn euch Todesnachrichten niederdrücken wollen …

Blickt auf zu ihm! Wie?
Vertrauensvoll und in Dankbarkeit für die Erlösung: Der erhöhte Herr kann und will helfen. Dankt ihm schon jetzt für die Gebetserhörung, obwohl ihr noch mitten in der Not seid.
Dankt ihm für das Geschenk eures Lebens.
Dankt ihm, weil er euer Leben erhält.
Dankt ihm für alles Gute, das ihr bisher empfangen habt.

Dankt ihm für seine Liebe im Wort und Sakrament.
Dankt ihm für die Gnade der Gotteskindschaft …
Übt euch im guten Eifer der Dankbarkeit, der von Sünden und Leid trennt und euch zu Gott und zum ewigen Leben führt! (vgl. RB 72)

Der erhöhte und verherrlichte Herr wird seinen Trostergeist schenken, der mit unaussprechlichen Seufzern für euch eintritt. Durch ihn empfangt ihr ewiges Leben, und das schon hier und jetzt. So braucht ihr in keiner Situation zu erröten, sondern euer Antlitz wird mehr und mehr leuchten. Ihr selbst werdet ein Lobpreis seiner herrlichen Gnade sein.

Der höchsten Gottheit ew'ges Bild,
du Licht vom Licht, des Vaters Wort,
du unser Retter, dir sei Ruhm
und Macht und Ehre immerdar.
In Liebe ziehst du uns an dich –
am Kreuz gemartert und erhöht.
Komm und vollende jetzt dein Reich
und führe uns zum Königsmahl.

(Brevier)

Osternacht

Evangelium: Mk 16,1-7

Als der Sabbat vorüber war, kauften Maria aus Magdala, Maria, die Mutter des Jakobus, und Salome wohlriechende Öle, um damit zum Grab zu gehen und Jesus zu salben. Am ersten Tag der Woche kamen sie in aller Frühe zum Grab, als eben die Sonne aufging. Sie sagten zueinander: Wer könnte uns den Stein vom Eingang des Grabes wegwälzen? Doch als sie hinblickten, sahen sie, dass der Stein schon weggewälzt war; er war sehr groß. Sie gingen in das Grab hinein und sahen auf der rechten Seite einen jungen Mann sitzen, der mit einem weißen Gewand bekleidet war; da erschraken sie sehr. Er aber sagte zu ihnen: Erschreckt nicht! Ihr sucht Jesus von Nazaret, den Gekreuzigten. Er ist auferstanden; er ist nicht hier. Seht, da ist die Stelle, wo man ihn hingelegt hatte. Nun aber geht und sagt seinen Jüngern, vor allem Petrus: Er geht euch voraus nach Galiläa; dort werdet ihr ihn sehen, wie er es euch gesagt hat.

Wer kann uns den Stein vom Eingang des Grabes wegwälzen?

„Des Morgens früh am dritten Tag, da noch der Stein am Grabe lag ...“, singen wir in einem Osterlied und bringen mit diesem Vers unsere Lebenssituation ins Wort, denn im übertragenen Sinn lastet auf uns der „Stein am Grab“. Er ist unser großes Problem: Das Grab – der Tod mit all seinen Vorboten – liegt wie ein Stein auf unseren Herzen. Oft verschließt der Todes-Stein den Zugang zum lebendigen Gott. Wenn der Mensch den Grabes-Stein als etwas Endgültiges ansieht, nämlich als den Schlusspunkt seines Lebens (bis hierhin und weiter geht es nicht), dann ist auch Gott für ihn tot. Lebt aber nach seiner Auffassung Gott nicht, dann wird allmählich auch das Herz stein-hart.

Für die Frauen, die im heutigen Evangelium zum Grab gehen, ist in Jesus auch ihr Lebensinhalt und ihre Lebenshoffnung gestorben. Sie befinden sich in einer Krise: Sie hatten mit ihrem Herrn lebens-wichtige und hoffnungsvolle Zeiten erlebt; die Gedanken daran trösten jetzt aber nicht. Gefühle von Verzweiflung und Sinnlosigkeit kann man sich selber nicht ausreden. Sie sind zu akzeptieren – trotz allem Schmerzlichen. Denn die Krise lenkt auf das Wesentliche hin. Nur dadurch können die Frauen für eine der wichtigsten Erfahrungen offen werden.

Weil sie sich in ihrer Trauer nicht verschließen, sondern sich fragend auf den Weg begeben, dürfen sie erleben, dass sie gehalten und getragen, von Gott angenommen und geliebt sind.

Ihre große Frage ist: „Wer kann uns den Stein vom Eingang des Grabes wegwälzen?"

Das ist auch die Frage aller, die für die frohe Botschaft von der Auferstehung offen sein möchten: Wer kann den Todesstein, der auf unseren Herzen lastet, wegwälzen?

Diese Frage begleitete die Frauen bis zu Jesu Grab. Und siehe da: „Das, was sich als Ende zeigte, erwies sich als Anfang; was als Grund zur Furcht erschien, wurde Anstoß zum Mut; was wie eine Niederlage aussah, wurde zum Sieg; und was als Anlass zur Verzweiflung angesehen wurde, erwies sich als Grund zur Hoffnung. Mit einem Mal wurde aus dem Stein ein Tor!"[1]

Jesus, der Auferstandene selbst, hatte den Stein des Todes vom Grab und den Stein der Verzweiflung aus ihren Herzen entfernt. Nur er konnte und kann heute noch Todessteine wegwälzen. Nur er kann Boten senden, die überzeugend von seiner Auferstehung, dieser glorreichen Manifestation des Sieges der Liebe über den Tod, künden.

„Mit der göttlichen Liebe im Herzen, einer Liebe stärker als der Tod, kann nun das Leben der Frauen und auch unser Leben als eine Verheißung gelebt werden; weil sie uns verheißt, dass das, was wir mit den Augen und Ohren des Geistes Christi schon zu sehen und zu hören begonnen haben, niemals zerstört wird, sondern vielmehr ‚der Anfang' des ewigen Lebens ist."[2]

Seit Jesus von den Toten auferstanden ist, leben wir, bewegen wir uns und sind wir in ihm. Er ist überall anwesend. „Wir glauben, dass Gott überall gegenwärtig ist und dass die Augen des Herrn an jedem Ort auf uns

---

[1,2] Henri J. M. Nouwen, aus „Ostern entgegen", 150, Herder-Verlag

schauen, sagt Benedikt. (vgl. Kap. 19) Er greift hier die Grundhaltung des Mönchs auf, von der er immer wieder in seiner Regel spricht, von der Grundübung, um die es ihm in allen Anweisungen für das geistliche Leben geht: Der Wandel in der Gegenwart Gottes. – Was der Mönch den ganzen Tag übt, das wird im Augenblick des gemeinsamen Betens besonders intensiv erfahren, hier wird das Bewusstsein, dass der auferstandene Herr wirklich gegenwärtig ist, besonders wach und stark."[3]

Dem Osterlamm, das geopfert wurde, weiht,
ihr Christen, das Opfer des Lobes!
Tod und Leben stritten im Kampfe,
wie nie einer war:
Der Fürst des Lebens, der starb,
regiert als Lebendiger!
„Sag uns, Maria: Was hast du auf dem Wege gesehen?"
„Ich sah das Grab Christi, der lebt, und die
Herrlichkeit des Auferstandenen.
Ich sah die Engel, die mir Kunde gaben.
Auferstanden ist Christus, meine Hoffnung."
Du Sieger, du König, erbarme dich unser!

(aus der Ostersequenz)

[3] A. Grün OSB, „Chorgebet und Kontemplation", 23, Münst. Schw. Kleinschr., 50

Ostersonntag

Evangelium: Joh 20,1-9

Petrus und der Jünger, den Jesus liebte, gingen hinaus zum Grab; sie liefen beide zusammen dorthin, aber weil der andere Jünger schneller war als Petrus, kam er als Erster ans Grab. Er beugte sich vor und sah die Leinenbinden liegen, ging aber nicht hinein. Da kam auch Simon Petrus, der ihm gefolgt war, und ging in das Grab hinein. Er sah die Leinenbinden liegen und das Schweißtuch, das auf dem Kopf Jesu gelegen hatte; es lag aber nicht bei den Leinenbinden, sondern zusammengebunden daneben an einer besonderen Stelle. Da ging auch der andere Jünger, der zuerst an das Grab gekommen war, hinein; er sah und glaubte. Denn sie wussten noch nicht aus der Schrift, dass er von den Toten auferstehen musste. (3-9)

Er sah und glaubte

„Die Botschaft von dem ‚anderen Jünger', der sah und glaubte, ist der einzige neutestamentliche Text, nach dem der Auferstehungsglaube am ungedeuteten leeren Grab beginnt.

Petrus ist diesem Jünger in der Einsicht des Osterglaubens unterlegen, denn er stellt nur fest: das Grab ist leer. Der Jünger aber, der die Christusliebe verkörpert, findet sofort zum österlichen Glauben",[1] schreibt der Theologe G. Bittner.

Nach dieser Aussage wird in der heutigen frohen Botschaft das Geheimnis einer Liebesbeziehung erfahrbar, von der auch andere Stellen in der Schrift berichten.

Der Lieblingsjünger stand mit seinem Meister in tieferer Herzensverbindung als die anderen. Deshalb konnte Jesus ihm mehr von der geheimnisvollen Auferstehung mitteilen; denn wahrhaft Liebende können sich ganzheitlich offenbaren. Sie wissen sich verstanden und im beiderseitigen Vertrauen geborgen.

Vielleicht war nicht nur das leere Grab das Erkennungszeichen, welches der Meister seinem Jünger gab, sondern auch die Art und Weise, wie das Schweißtuch zusammengebunden an der bestimmten Stelle lag. (Im Text ist das besonders hervorgehoben!)

Der Auferstandene, der unsichtbar gegenwärtig war, erinnerte ihn an das Zeichen. Er öffnete seinem Lieb-

---

[1] Unsere Hoffnung, S. 220

lingsjünger die Herzens-Augen, so dass dieser sah und sofort glauben konnte.

Liebe ist die Voraussetzung für Gotteserkenntnis, weil Gott die Liebe ist. Das zeigt auch ein späteres Ereignis:

Mehrere Jünger gingen fischen, fingen aber in dieser Nacht nichts. Als es schon Morgen wurde, stand Jesus am Ufer. Doch die Jünger wussten nicht, dass es Jesus war. Jesus sagte ihnen: Werft euer Netz auf der rechten Seite des Bootes aus, und ihr werdet etwas fangen. Sie warfen das Netz aus und konnten es nicht wieder einholen, so voller Fische war es. Da sagte der Jünger, den Jesus liebte, zu Petrus: Es ist der Herr! (Joh 21,3-7)

Auch hier ist die Liebesbeziehung die Ursache der Erkenntnis.

In der Begegnung des Auferstandenen mit Maria von Magdala bewirkt die Liebe ebenfalls das Erkennen: Sie stand am Grab und weinte. Da kam Jesus zu ihr. Maria dachte aber, es sei der Gärtner. Nun sprach Jesus sie an: Maria! Da wandte sie sich um und sagte zu ihm: Rabbuni!, das heißt: Meister. –

Sie war sicher schon oft mit ihrem Namen angeredet worden. Aber in diesem Moment wusste sie sich liebend durchschaut und in ihrer Sehnsucht nach ihrem Meister verstanden; dadurch erkannte sie den Herrn.

Auch in seiner Kirche will sich der Auferstandene durch alltägliche Zeichen offenbaren.

Benedikt, der eine innige Beziehung zu Jesus Christus hatte, erfuhr an einem Osterfest ebenfalls in besonderer Weise die Gegenwart des auferstandenen Herrn.

„Seitdem bedeutete ihm Ostern sehr viel. Es ist das einzige Fest, das er ausdrücklich in seiner Regel erwähnt.

Die Ordnung von Gebet, Arbeit und Lesung ist in den verschiedenen Jahreszeiten unterschiedlich; das Datum aber, um das Benedikt alles gruppiert, ist Ostern.“[2]

Wer ein offenes, liebendes Herz hat, darf auch in unserer Zeit die Gegenwart des auferstandenen Herrn erkennen. Frieden und Freude erfüllen ihn.

Der Liebende möchte Christus nichts vorziehen, der ihm schon jetzt Anteil am ewigen Leben gibt.
(vgl. RB 72,11)

An diesem österlichen Tag
lasst uns den Vater loben;
denn er, der alle Ding vermag,
hat seinen Sohn erhoben.
Das ist der Tag, den Gott gemacht,
das Leben ward uns neu gebracht:
Der Herr ist auferstanden.
Du lieber Herre Jesu Christ,
da du erstanden heute,
so lobt dich alles, was da ist,
in übergroßer Freude.
Mit dir sind wir von Herzen froh,
wir rufen laut und singen so:
Der Herr ist auferstanden.

(GL 222, 2,3)

[2] aus einem Rundbrief von Athanasius Polag, OSB

Ostermontag

Evangelium: Lk 24,13-35

Am gleichen Tag waren zwei von den Jüngern auf dem Weg in ein Dorf namens Emmaus. Sie sprachen miteinander über all das, was sich ereignet hatte. Jesus kam hinzu und ging mit ihnen. Doch sie waren wie mit Blindheit geschlagen, sodass sie ihn nicht erkannten. Er fragte sie: Was sind das für Dinge, über die ihr auf eurem Weg miteinander redet? Da blieben sie traurig stehen, und einer von ihnen – er hieß Kleopas – antwortete ihm: Bist du so fremd in Jerusalem, dass du als Einziger nicht weißt, was in diesen Tagen dort geschehen ist? Er fragte sie: Was denn? Sie antworteten ihm: Das mit Jesus von Nazaret. Er war ein Prophet, mächtig in Wort und Tat vor Gott und dem ganzen Volk. Doch unsere Hohenpriester haben ihn zum Tod verurteilen und ans Kreuz schlagen lassen. Da sagte er zu ihnen: Begreift ihr denn nicht? Wie schwer fällt es euch, alles zu glauben, was die Propheten gesagt haben? Musste nicht der Messias all das erleiden, um so in seine Herrlichkeit zu gelangen? Und er legte ihnen dar, was in der gesamten Schrift über ihn geschrieben steht. (Auszug)

Sie waren wie mit Blindheit geschlagen

Wie auch wir selbst mit Blindheit geschlagen sein können, das kann folgendes Beispiel erhellen:

Im Rahmen einer sehr guten, bereichernden Vortragsreihe wirkte sich ein Referat negativ aus. Enttäuscht und ärgerlich verließ eine Zuhörerin am Schluss den Raum.

Später hörte sie sich die entsprechenden Tonbandaufzeichnungen noch einmal an. Sie erwartete gespannt den bewussten Vortrag, der sie seinerzeit verärgert hatte. Jedoch bemerkte sie zu ihrem Erstaunen diesmal nichts Negatives – trotz der gleichen Worte. Im Gegenteil: Es war der beste Vortrag!

Diese Erfahrung lässt erkennen, dass wir objektive Situationen nur teilweise objektiv wahrnehmen. Unsere Aufnahmefähigkeit ist oft „besetzt" und deshalb begrenzt. Für die momentane Lebenslage sind wir dadurch wie mit Taubheit oder Blindheit geschlagen und unbewusst auf der Flucht vor der Wirklichkeit.

„Wie viele unserer Gedanken sind nichts anderes als Fluchtgedanken: Flucht vor unseren Konflikten, unserer Reifung und Entwicklung, vor unserer tieferen Wirklichkeit, unserem Selbst, vor der Welt und den Menschen, Flucht vor dem Herrn.

Die Flucht kann auf vielerlei Weisen geschehen: Man lenkt sich ab; man verkriecht sich; man stürzt sich in die Arbeit; man sucht die Welt des Scheins, der Illusionen, der Träume. – Darauf kommt der russische Dichter Dostojewski immer wieder zu sprechen; denn es gehört zu seine Grunddenken, dass der Mensch sich immer wieder neu vom ‚Gift seiner törichten Träume' reinigen muss, um so seiner inneren Verwesung zu entgehen. Dostojewski war selbst lange und oft ein Träumer. Aber er blieb es nicht; unablässig kämpfte er dagegen an. Das führte ihn zur größten Entdeckung seines Lebens: nämlich, dass es nichts ‚Phantastischeres' gibt als in der Wirklichkeit zu leben. Wer aber lebt in der Wirklichkeit? Dostojewski sagt: derjenige, dessen Leben in Gott ruht, dessen Herz auf Gott hört und der seine Wege mit Gott geht."[1]

Das ist auch die Erfahrung der Emmausjünger im heutigen Evangelium: Sie hatten ihre Träume von Jesus: „Wir aber dachten, dass er es sei ..." Diese Träume wurden bitter enttäuscht. Deshalb befinden sie sich gerade auf dem Fluchtweg. Der Auferstandene begleitet sie, aber ihr Herz ist von den vorausgegangenen Ereignissen so sehr in Beschlag genommen, dass sie ihn nicht erkennen können.

Mit einem „besetzten" Herzen hatten sie zuvor auch in der Schrift gelesen. Deshalb konnten sie nicht verstehen, dass der Messias leiden musste, um in seine Herrlichkeit einzugehen. Obwohl es genau so in der Bibel steht, waren sie wie mit Blindheit geschlagen.

Von ihrer Herzens-Blindheit können sie sich selbst nicht heilen. Sie sind darauf angewiesen, dass der auferstandene Herr ihnen die Augen für das Verständnis der Schrift öffnet. Er tut es, deshalb ist er mit ihnen auf dem Weg; aber nicht nur mit den Emmausjüngern, sondern auch mit seinen Jüngern aller Zeiten, und so auch mit

---

[1] nach Stertenbrink „Weisheit aus dem Bauch", 37, Herder-Verlag
Vergleich auch L. Gunkel „Ich bin der Weg" – 17. Sonntag im Jahreskreis, Benno-Verlag

uns. Er will uns heute wieder die Herzens-Augen für das Verständnis der Schrift, für das Geheimnis der Auferstehung in all unseren Lebenssituationen öffnen.

Wenn wir bereit sind, uns von unserer Blindheit heilen zu lassen, wenn wir unsere Augen dem göttlichen Licht öffnen und mit aufgeschrecktem – nicht mit besetztem! – Ohr hören (vgl. RB Prolog), dann werden wir in einer neuen Wirklichkeit leben. Wir werden uns auf unserem Lebensweg begleitet und geführt erfahren von Jesus, unserem auferstandenen Herrn.

Nahe wollt der Herr uns sein, nicht in Fernen thronen.
Unter Menschen wie ein Mensch hat er wollen wohnen.
Überall ist er uns nah, menschlich uns zugegen.
Unerkannt kommt er zu uns auf verborgnen Wegen.
Freuet euch, von Sorge frei, tragt vor ihn die Bitte,
dass er uns ganz nahe sei, wohn in unsrer Mitte.
Mitten unter euch steht er, den ihr nicht kennt.

(GL 617)

2. Sonntag in der Osterzeit

Evangelium: Joh 20,19-31

Am Abend des ersten Tages der Woche, als die Jünger aus Furcht vor den Juden die Türen verschlossen hatten, kam Jesus, trat in ihre Mitte und sagte ihnen: Friede sei mit euch! Nach diesen Worten zeigte er ihnen seine Hände und seine Seite. Da freuten sich die Jünger, dass sie den Herrn sahen. Jesus sagte noch einmal zu ihnen: Friede sei mit euch! Wie mich der Vater gesandt hat, so sende ich euch. Nachdem er das gesagt hatte, hauchte er sie an und sprach zu ihnen: Empfangt den Heiligen Geist! Wem ihr die Sünden vergebt, dem sind sie vergeben; wem ihr die Vergebung verweigert, dem ist sie verweigert. (19-23)

Friede sei mit euch!

Das große Geschenk des Auferstandenen an seine Jünger und an uns, die Kirche, ist der Gottesgeist und in ihm der Friede. In dieser Gabe wird das Osterfest mit dem Pfingstfest zur Einheit verbunden; deshalb sind im Lesejahr B das heutige Osterevangelium und das Pfingstevangelium gleich.

„‚Friede', lateinisch ‚pax', kommt von pacere, d. h. zusammenfügen, festmachen. Pax bezeichnet ursprünglich den abgeschlossenen Vertrag zwischen streitenden Parteien, setzt also Versöhnung und Befriedung voraus. Das Befriedetsein ist nur in Übereinkunft möglich. So hat Friede ausschließlich in einer festen, gültigen Bindung und Verpflichtung Bestand."[1]

Wir Menschen leben aber in unserer sündigen Existenz innerlich zerrissen. Einerseits sehnen wir uns nach der Übereinstimmung mit dem Schöpfer und dem Ziel unseres Daseins, Abbild Gottes zu werden – andererseits ziehen die Begierden und Leidenschaften uns immer wieder in die entgegengesetzte Richtung. „Der heilige Paulus ist derjenige, der die Spannung und den Kampf im menschlichen Herzen in besonders beredter Weise beschreibt. ‚Darum sage ich', so lesen wir im Brief an die Galater: ‚Lasst euch vom Geist leiten, dann werdet ihr das Begehren des Fleisches nicht erfüllen.' (Mit ‚Fleisch' bezeichnet Paulus den ganzen sündigen Menschen.) ‚Denn das Begehren des Fleisches richtet sich gegen den Geist, das Begehren des Geistes aber gegen das Fleisch; beide stehen sich als Feinde gegenüber, sodass ihr nicht imstande seid, das zu tun, was ihr wollt. – Die Werke des Fleisches sind deutlich erkennbar:

Unzucht, Unsittlichkeit, ausschweifendes Leben … Trink- und Essgelage und ähnliches mehr; ebenso Feindschaften, Streit, Eifersucht, Spaltungen, Parteiungen, Neid. Dies alles sind Werke des Fleisches.

Diesen gegenüber ist die Frucht des Geistes: Liebe, Freude, Friede, Langmut, Freundlichkeit, Güte, Treue, Sanftmut und Selbstbeherrschung."[2]

Weil wir ständig im Streit zwischen den Werken des Fleisches und den Werken des Geistes sind, erleben wir uns friedlos. Wir können den Frieden untereinander nicht zustande bringen und deshalb auch nicht ausstrahlen. Das hat zur Folge, dass unser Leben immer wieder beeinträchtigt ist und dass uns die Werke des Fleisches in dauernde Todesgefahr bringen, was besonders im Terrorismus und in Kriegen zum Ausdruck kommt.

Im Gegensatz dazu ist der auferstandene Herr selbst das Leben. Er will auch uns sein bleibendes Leben schenken, jedoch die Voraussetzung für dieses Leben ist der Friede in uns und in unserer Umwelt. Wenn Jesus Frieden gibt, dann sind wir in der Lage, uns aus den verschiedenen Zwängen zu befreien. Im inneren Frieden kommen wir in die Einheit mit Gott – in die Einheit mit uns selbst und im zwischenmenschlichen Zusammenleben. Das Getrennte fügt sich wieder zusammen, und wir können uns vertrauensvoll in tiefer innerer Geborgenheit festmachen. „Deshalb wird der benediktinische Friede verbindlich im Professversprechen, im Gelübde der ‚stabilitas congregatione'; in diesem verpflichtet der Mönch sich vor Gott und seinen Heiligen zum lebenslangen Eingefügtsein, zum Wurzelfassen in der jeweiligen Klostergemeinschaft. Hier soll er den Frieden suchen und ihm sogar nachjagen, wie Benedikt sagt.

Benedikt hat in vielen Anordnungen den Frieden des Einzelnen und der Gemeinschaft im Blick. Der Friede ist ihm das Herzensanliegen; denn nur im Frieden kann die Gegenwart des auferstandenen Herrn erfahrbar werden, nur im Frieden kann das geistliche Leben in den Mönchen wachsen."[3]

„O könntest du begreifen, wie viel du selbst an innerem Frieden gewinnen und was für große Freude du anderen bereiten würdest, wenn du von ganzem Herzen gut sein und recht tun möchtest! Ich glaube, du würdest mehr Sorge darauf verwenden immer größere Fortschritte im geistlichen Leben zu machen", schreibt Thomas von Kempen in seinem Buch: „Nachfolge Christi".

(Fortsetzung dieser Evangelienauslegung: siehe Pfingstsonntag)

Im Frieden dein, o Herre mein,
lass ziehn mich meine Straßen.
Wie mir dein Mund gegeben kund,
schenkst Gnad du ohne Maßen,
hast mein Gesicht das selge Licht,
den Heiland schauen lassen.
O Herr verleih, dass Lieb und Treu
in dir uns all verbinden,
dass Hand und Mund zu jeder Stund
dein Freundlichkeit verkünden,
bis nach der Zeit den Platz bereit
an deinem Tisch wir finden.

(GL 473)

[1,2] nach Enzyklika „Lasst euch vom Geist bewegen", Herder-Verlag
[3] nach C. Bamberg OSB, Herstelle, Mon. Informationen, Nr. 110

3. Sonntag in der Osterzeit

Evangelium: Lk 24,35-48

Während die Jünger noch darüber redeten (wie sie den auferstandenen Herrn erkannten), trat Jesus in ihre Mitte und sagte zu ihnen: Friede sei mit euch! Sie erschraken und hatten große Angst, denn sie meinten ein Gespenst zu sehen. Da sagte er zu ihnen: Was seid ihr so bestürzt? Warum lasst ihr in eurem Herzen solche Zweifel aufkommen? Seht meine Hände und meine Füße an: Ich bin es selbst. Fasst mich doch an, und begreift: Kein Geist hat Fleisch und Knochen, wie ihr es bei mir seht. Bei diesen Worten zeigte er ihnen seine Hände und Füße. Sie staunten, konnten es aber vor Freude immer noch nicht glauben. Da sagte er zu ihnen: Habt ihr etwas zu essen hier? Sie gaben ihm ein Stück gebratenen Fisch. Er nahm es und aß es vor ihren Augen. (35-42)

Warum lasst ihr in eurem Herzen solche Zweifel aufkommen?

Diese Frage des auferstandenen Herrn ist auch heute noch aktuell. Warum lassen wir in unserem Herzen immer wieder Zweifel an seiner Gegenwart und Liebe aufkommen?

Viele Menschen sagen, dass sie glauben könnten, wenn Gott sichtbarer und spürbarer in die Weltgeschichte eingreifen würde. Andere erwarten ihren Glauben von Wundererlebnissen. Im Evangelium vom armen Lazarus bittet der reiche Mann Abraham: Vater Abraham, nur wenn einer von den Toten zu meinen Brüdern kommt, werden sie umkehren – werden sie glauben. „Sie werden auch dann nicht glauben", antwortete Abraham.

Aber aus dem heutigen Evangelienbericht ist zu ersehen, dass sich nicht einmal die Jünger durch außergewöhnliche Erscheinungen überzeugen lassen. In ihren Herzen kommen Zweifel auf und deshalb geraten sie in Panik, Angst und Schrecken, als der Herr vor ihnen steht, obwohl sie gerade in diesem Augenblick über die unfassbaren Ereignisse der Auferstehung sprachen. Ähnliche Furcht-Reaktionen sind auch an anderen Stellen berichtet. (z. B. Joh 6,19: Die Jünger fuhren im Boot und sahen, wie Jesus über den See ging und sich ihnen näherte; da fürchteten sie sich.)

Das Herz der Jünger vertraut erst, als Jesus ihnen zeigt, dass er auch in seiner verklärten Daseinsweise noch einer von ihnen ist, ganz menschlich (mit Fleisch und Knochen!), dass er auch jetzt, genau wie sie, essen und trinken kann – erst nach dieser Erfahrung glauben sie an ihn; denn Glaube ist Herzenserkenntnis, Herzensbegegnung.

Der auferstandene Herr geht dann noch einen wesentlichen Schritt weiter: Er isst nicht nur mit ihnen. Er nimmt die Speise nicht nur in sich auf – er verschenkt sich selbst in Speise und Trank hinein und wird so mit seiner ganzen Person Speise – Nahrung für uns. In diesem größten und zugleich kleinsten Geschenk kann er sich der Aufnahmefähigkeit aller Menschen anpassen.

„Ein Geschenk ist nur dann ein Geschenk, wenn man das gibt, was die beschenkte Person auch will. An einem Geschenk haftet keinerlei Bindung. Es wird ohne jede Bedingung gegeben. Das Geschenk gehört jetzt dem Beschenkten und der Geber erwartet nichts als Gegenleistung. Wenn ein Geschenk diesen Kriterien nicht entspricht, ist es kein Geschenk, man muss eine andere Bezeichnung dafür finden."[1]

Das Eucharistische Gottesgeschenk entspricht diesen Kriterien. Der auferstandene Herr verschenkt sich ganz, vorbehaltlos, unscheinbar. Aber gerade diese vorbehaltlose Unscheinbarkeit löst wieder Zweifel in unseren Herzen aus.

Das zeigt: Für unseren Glauben oder Unglauben ist nicht die Art und Weise, *wie* Gott sich mitteilt, entscheidend, sondern unsere aufnahmebereite oder blinde, evtl. auch verstockte Herzensverfassung. Wir können Zweifel an der Gegenwart Gottes aufkommen lassen. Wir können uns aber auch vertrauensvoll ehrfürchtig für Gotteserfahrungen öffnen.

---

[1] vgl. Marlo Morgan „Traumfänger", Goldmann-Verlag, 214

Benedikt schreibt seinen Schülern im Kapitel vom guten Eifer: In Liebe sollen sie Gott fürchten. (72,9) „Der Gedanke der Gottesfurcht, d. h. der persönlichen inneren Betroffenheit von der Gegenwart Gottes, verbindet sich hier mit der Gottesliebe. Der Altvater Kassian († 430) erklärt diesen scheinbaren Gegensatz: Es gilt von der Furcht zur Hoffnung und zur Liebe voranzuschreiten. Zuletzt vereinen sich aber für Kassian Furcht und Liebe.“[2]

Die Jünger sind trotz ihrer Furcht aufnahmebereit. Liebend sehnen sie sich nach ihrem Herrn; deshalb kann der Auferstandene sie Schritt für Schritt in seine neue Daseinsweise einführen. Er erfüllt sie mit Zuversicht, innerem Frieden und großer Freude – wonach auch wir uns sehnen.

Kommt, all ihr Jünger, tief verneigt,
erhebet Gott mit Herz und Mund,
singt seinem Namen hoch und hehr
mit Preis und Dank, wie ihm gebührt.
In Dank und Liebe wollen wir,
ergeben ihm in heilger Furcht,
um Hilfe gegen allen Sturm
den wider uns der Feind entfacht –
den Vater bitten, unsern Gott,
und unsern König, seinen Sohn,
den Tröster auch, den Heil'gen Geist,
den Einen in Dreifaltigkeit. Amen.

(Brevier)

[2] Holzherr, 282

4. Sonntag in der Osterzeit

Evangelium: Joh 10,11-18

Ich bin der gute Hirt. Der gute Hirt gibt sein Leben hin für seine Schafe. Der bezahlte Knecht aber, der nicht Hirt ist und dem die Schafe nicht gehören, lässt die Schafe im Stich und flieht, wenn er den Wolf kommen sieht; und der Wolf reißt sie und jagt sie auseinander. Er flieht, weil er nur ein bezahlter Knecht ist und ihm an den Schafen nichts liegt. Ich bin der gute Hirt; ich kenne die Meinen und die Meinen kennen mich, wie mich der Vater kennt und ich den Vater kenne; und ich gebe mein Leben hin für meine Schafe. (11-15)

Ich kenne die Meinen und die Meinen kennen mich

„Jesus sagt von sich: ‚Ich bin der gute Hirt‘. In diesem Text steht ‚gut‘ (kalos); die ursprüngliche Bezeichnung ist: alethenos, d. h. wahrhaft, wirklich. Jesus ist der wahre, der rechtmäßige Hirt und zugleich auch der gute Hirt.

Im orientalischen sowie im griechischen Denken entspricht das Bild vom Hirten dem Herrscher oder Führer des Volkes. Auch die alttestamentlichen Führergestalten – Mose, David – werden Hirten genannt. Aber alles Hirtentum der Welt ist nur Abbild und Hinweis auf jenes echte, eigentliche Hirtentum in Jesus Christus.“[1]

Jesus ist der wahre Hirt, weil er sein Leben für die Schafe, die ihm gehören, hingibt; denn durch die Lebenshingabe kann er sich ihnen im Heiligen Geist mitteilen. Alle, die den Geist empfangen, gehören zu seinen „Schafen“. Im Heiligen Geist sind auch sie in der Wahrheit, d. h. in der Wirklichkeit des göttlichen Lebens. Sie haben Anteil an der Lebensgemeinschaft von Vater und Sohn.

„Auf diese Weise erfüllt der wahre Hirt endlich und für alle Zeit die Sehnsucht der Menschen, von Gott so erkannt und geliebt zu werden – und Gott so zu erkennen und zu lieben wie Kinder ihren Vater lieben.

Das Wort ‚erkennen‘ (griech. = gnosis) umfasst die Bedeutungen: kennen, erfahren und einsehen – dann: wissen, verstehen – schließlich: urteilen, beschließen, gesonnen sein.

Im biblischen Sprachgebrauch ist Erkenntnis zwischen Personen immer bedingt durch liebende Mitteilung und Offen-herzigkeit, durch Hingabe.“[2]

In diesem Sinn kennt der Vater den Sohn und der Sohn den Vater. Sie sind in inniger Vertrautheit verbunden. Deshalb setzt der Sohn sein Leben für die Seinen ein, die der Vater so sehr liebt, wie er den Sohn liebt. Ebenso ist Jesus mit den Jüngern verbunden und die Jünger mit ihm.

Weil sie – wie ihr Hirt – in der Wahrheit sind, hören sie auf seine Stimme. Thomas von Kempen schreibt:

„Ist da ein liebender Mensch, so versteht er, was die Stimme ruft. Als lauter Schrei dringt in die Ohren Gottes die glühende Sehnsucht der Seele, die spricht: Gott, meine Liebe. Du bist ganz mein, ich bin ganz dein."

Die hl. Gertrud, die Große (Mystikerin des Frühmittelalters) berichtet von einem Gespräch zwischen ihr und Gott in ihrer Seele. Dabei habe sie ausgerufen: „O Herr, hätte ich nur ein Feuer, das meine Seele zum Schmelzen bringen könnte. Denn ich möchte sie als ein Trankopfer völlig vor dir ausgießen!" Und der Herr habe ihr zur Antwort gegeben: „Dein Wille ist ein solches Feuer."

„Teresa von Ávilas Liebe in ihren Gott war so stark, dass er ihr ganz und gar gehörte. Und natürlich gehörte sie auch vollständig ihm. Einmal, so wird erzählt, erschien der jungen Teresa in einer Vision eine strahlende Gestalt und fragte sie: ‚Meine Kleine, wie heißt du?' – ‚Herr', gab sie zur Antwort, ‚ich bin Teresa von Jesus'. Das hieß: ‚Ich gehöre gar nicht mehr mir selbst, ich gehöre ganz und gar meinem Herrn.' Teresa nahm nun ihren Mut zusammen und stellte ihrerseits die Frage: ‚Und wer mögt ihr sein?' Die strahlende Gestalt lächelte und erwiderte: ‚Ich bin Jesus von Teresa.'"[3]

„Ich kenne die Meinen und die Meinen kennen mich", sagt Jesus uns heute. Wer in liebender, hingabebereiter

Erkenntnis ganz mit dem Hirten verbunden ist, der setzt sich mit ihm gemeinsam für die Schafe ein; denn auf dieser Stufe der Erkenntnis ist der Jünger befähigt, sich in der Haltung der Liebe jedem Geschöpf auf die je angemessene Weise zuzuwenden.

Auch der Abt, der Hirt einer benediktinischen Gemeinschaft, soll sich den Seinen so zuwenden, wie es ihrer Eigenart entspricht, damit sie die Stimme des guten Hirten aus ihrem Abt heraushören können. Benedikt schreibt:

„Er mache alles Gute und Heilige mehr durch sein Leben als durch seine Reden sichtbar: Einsichtigen Jüngern wird er die Gebote des Herrn mit Worten darlegen, hartherzigen aber und einfältigeren wird er die Weisungen Gottes durch sein Beispiel veranschaulichen." (RB 2,12 ff.)

Dir singt die Kirche Lob und Dank,
Herr Jesus Christus, guter Hirt,
du hast dein Leben eingesetzt,
den Tod der Herde abgewehrt.
Du hütest Gottes Eigentum
und nichts ist deiner Sorge fern.
Du führst, was stark und kräftig ist,
das Schwache trägst du gütig heim. –
Dich beten an und preisen wir,
den Herrn und Heiland aller Welt,
eins mit dem Vater und dem Geist
von Ewigkeit zu Ewigkeit.

(Brevier)

1 „Unsere Hoffnung ...", 259
2 G. Schiwy, „Weg ins NT", Echter-Verlag, 95
3 E. Easwaran „Mit den Augen der Liebe", Herder-Verlag, 168

5. Sonntag in der Osterzeit

Evangelium: Joh 15,1-8

Ich bin der wahre Weinstock, und mein Vater ist der Winzer. Jede Rebe an mir, die keine Frucht bringt, schneidet er ab, und jede Rebe, die Frucht bringt, reinigt er, damit sie mehr Frucht bringt. Ihr seid schon rein durch das Wort, das ich zu euch gesagt habe. Bleibt in mir, dann bleibe ich in euch. Wie die Rebe aus sich keine Frucht bringen kann, sondern nur, wenn sie am Weinstock bleibt, so könnt auch ihr keine Frucht bringen, wenn ihr nicht in mir bleibt. – Wenn ihr in mir bleibt und wenn meine Worte in euch bleiben, dann bittet um alles, was ihr wollt: Ihr werdet es erhalten. Mein Vater wird dadurch verherrlicht, dass ihr reiche Frucht bringt und meine Jünger werdet. (1-4.7-8)

Ich bin der wahre Weinstock: Bleibt in mir, dann bleibe ich in euch

„Das johanneische ‚Ich bin' greift die alttestamentliche Selbstvorstellung Jahwes auf. Es ist die gewichtigste und höchste Aussage, die Jahwe, der Bundesgott Israels, von sich macht. Dieses Gewicht liegt nun auf Jesus. Etwa zwölfmal sagt Jesus im Johannesevangelium von sich: ‚Ich bin …' Er sagt es mit der Hoheit Gottes selbst.

Hinter der Bildrede: ‚Ich bin der wahre Weinstock' steht das Bundesvolk Israel, der Weinstock Gottes. Er hat sich als unfruchtbar erwiesen und wird ausgerissen. Aber am Ende, am Tag des Herrn, wird Jahwe Freude an ihm finden. Man wird sagen: ‚Köstlicher Weinberg, jubelt ihm zu! Ich, der Herr, bin sein Hüter …' (vgl. Jes 27,2-6)

Jesus bezeichnet sich als den, der im vollen Sinn ‚der Weinstock Gottes', des Vaters, ist. Er ist die Erwartung des Alten Bundes. In ihm ist die Verheißung erfüllt und die Endzeit angebrochen.

Jesus schließt auch die Jünger in das Weinstock-Sein cin. Wcnn cr ihncn sagt: ‚Ihr scid schon rcin', dann ist das ein trostvolles Wort. ‚Rein' bedeutet in diesem Zusammenhang weniger ‚rein von Sünde'; es ist vielmehr dynamisch, im Sinne von ‚fähig Frucht zu tragen' zu verstehen. Dieses Rein-Sein der Jünger gründet auf der Verkündigung Jesu. Es setzt bei ihnen voraus, dass sie die Botschaft Jesu hören, annehmen und bewahren.

Denn: der hier spricht, sagt nicht etwas, sondern er sagt sich selbst aus. Er ist die Wahrheit und eben darin das Leben. Aus ihm strömt der Lebenssaft des Gottesgeistes. So ist jedem abstrakten, intellektuellen Verständnis von ‚Wahrheit' der Weg verlegt. Im Wort Jesu will er selbst ankommen. Sein Wort hören heißt, ihn persönlich aufnehmen. –

Mit dem Zuspruch: ‚Ihr seid schon rein', sagt Jesus seinen Jüngern: ‚Ihr seid nicht nur irgendwelche Zweige an mir, sondern ihr seid durch mein Wort mit mir verbunden. Bleibt in dieser aus Gnade geschenkten Verbundenheit! Auch ihr habt dazu einen Beitrag zu leisten!"[1]

Wenn ihr in mir bleibt, dann bittet um alles, was ihr wollt, es wird euch gegeben! –

Die Jünger, die in Jesus bleiben, bleiben in seinem Wort und das Wort bleibt in ihnen. Erleiden sie z. B. Unrecht oder Verfolgung, dann betet das Wort durch sie: Vater, vergib ihnen – in Streitereien betet das Wort: Vater, lass sie eins sein – in seelischer oder körperlicher Not: Vater, nicht mein, sondern dein Wille geschehe usw., und Jesus betet mit.

Bleiben die Jünger in Jesus und er auch in ihnen, dann fällt ihr Wollen, Bitten und Tun mit dem Wollen ihres Meisters zusammen, so dass der Vater sie immer erhören wird, wie er auch Jesus immer erhört hat.

Die Frucht des Einsseins (und auch zuvor der Same!) ist der Gottesgeist, das göttliche Leben, das die Jünger nun mit und in ihrem auferstandenen Herrn zur Verherrlichung des Vaters hervorbringen.

Eine derartig-göttliche Frucht erwächst auch den Wegweisungen der Regel Benedikts, da sie viele Menschen zu Gott geführt hat und noch immer zu ihm hin führt.

„Benedikt war – als er die Regel schrieb – in tiefer Einheit mit seinem Meister und so auch mit sich selbst. Aus all seinen Anweisungen spricht immer wieder die Güte des Vaters. Er hat Verständnis für den Einzelnen. Er lässt sich mütterlich auf die Schwachen und Kranken ein. Er kann den weltlichen Dingen das rechte Maß zuteilen. In der Regel spürt man nie etwas von Projektion der eigenen Fehler auf andere. Aus ihr spricht ein weiser und gütiger, ein reifer und integrierter Mensch, ein Mensch, der sich selbst vergessen kann, weil er Gott geschaut hat, weil er mit ihm eins geworden ist und von ihm her alles im richtigen Licht sieht."[2]

Gieß sehr tief in mein Herz hinein,
du leuchtend Kleinod, edler Stein,
die Flamme deiner Liebe
und gib, dass ich an deinem Leib,
dem auserwählten Weinstock, bleib
ein Zweig in frischem Triebe.
Von Gott kommt mir ein Freudenschein,
wenn du mich mit den Augen dein
gar freundlich tust anblicken.
Herr Jesu, du mein trautes Gut,
dein Wort, dein Geist, dein Leib und Blut
mich innerlich erquicken.
Nimm mich freundlich in dein Arme
und erbarme dich in Gnaden.
Auf dein Wort komm ich geladen.

(GL 554, 3 u. 4)

---

1 frei nach R. Borig, aus „Unsere Hoffnung", 266 ff.
2 vgl. A. Grün, „Einswerden", M. Schw. Kleinschriften Nr. 36, S. 74

6. Sonntag in der Osterzeit

Evangelium: Joh 15,9-17

Wie mich der Vater geliebt hat, so habe ich euch geliebt. Bleibt in meiner Liebe! Wenn ihr meine Gebote haltet, werdet ihr in meiner Liebe bleiben, so wie ich die Gebote meines Vaters gehalten habe und in seiner Liebe bleibe. Dies habe ich euch gesagt, damit meine Freude in euch ist und damit eure Freude vollkommen wird. Das ist mein Gebot: Liebt einander, so wie ich euch geliebt habe. Es gibt keine größere Liebe, als wenn einer sein Leben für seine Freunde hingibt. Ihr seid meine Freunde, wenn ihr tut, was ich euch auftrage. Nicht ihr habt mich erwählt, sondern ich habe euch erwählt und dazu bestimmt, dass ihr euch aufmacht und Frucht bringt und dass eure Frucht bleibt. Dann wird euch der Vater alles geben, um was ihr ihn in meinem Namen bittet. Dies trage ich euch auf: Liebt einander. (Auszug)

Nicht ihr habt mich erwählt, sondern ich habe euch erwählt

Das Geschenk der Erwählung wurde schon dem alttestamentlichen Gottesvolk zuteil:

„Selig sind, die du erwählst und in deine Nähe holst, die in den Vorhöfen deines Heiligtums wohnen. Wir wollen uns am Gut deines Hauses sättigen, am Gut deines heiligen Tempels. Du vollbringst erstaunliche Taten, erhörst uns in Treue, du Gott unseres Heiles“, betete der Psalmist. (Psalm 65)

Im neutestamentlichen Gottesvolk ist es die suchende Liebe Christi, die erwählt. Sie lebt im Erhöhten, in ihm ward sie zur Sonne der Welt, die Licht und Wärme spendet. Christi Liebe ist in die Welt ausgegossen in der Gestalt des Pneumas – des Geistes –, der Licht und Trost gibt. Diese pneumatische Liebe gestaltet den Raum, in dem wir leben. Sie ist Energie spendende Sonne. Selig, die das Licht Christi sehen oder gesehen haben, denen das Erfahrungswissen der Liebe Christi, die wirklicher ist als alle Wirklichkeiten, geschenkt wurdc. Sic sind von ihm erwählt – sie sind seine Freunde.[1]

Das Geschenk der Freundschaft
beschreibt ein unbekannter Neunzehnjähriger:

„Einmal werde ich unter den Vielen einen Freund finden, der bei mir bleibt – der auf mich wartet, wenn ich fortgehe – der noch da ist, wenn ich ihn brauche – der unabgelenkt zuhört. Er ist mir zugewandt in Distanz und Liebe. Er hat Vertrauen zu mir – er erwartet Gutes und lässt sich nicht beirren durch mein Versagen. Er gibt mir Spielraum und Freiheit zu sein, der ich bin. Er knüpft seine Freundschaft nicht an Bedingungen. Er ist wahrhaftig und täuscht mich nicht – er sagt mir meine Fehler und Schwächen zur rechten Zeit, behutsam und hilfreich. Er wird mir verzeihen – er hat Sorge und Angst um mich, wenn ich verzweifelt bin und nicht den rechten Weg gehe. Er behält die Hoffnung, auch wenn ich sie aufgebe. – Wenn ein anderer einen solchen Freund sucht, dann will ich ihm dieser Freund sein."[2]

Der Jugendliche befand sich – als er den Wunsch nach Freundschaft beschrieb – noch in der Welt seiner Ideale und Zukunftsbilder.

Aber in Jesus Christus ist uns diese wunderbare Freundschaft geschenkt.

Das Geschenk der bleibenden Frucht
ereignet sich durch die freundschaftliche Erwählung des Auferstandenen.

„Wenn der Jünger die Wegweisung seines geliebten Herrn beherzigt und befolgt, dann wirkt die erlösende Liebe Christi universal – innerhalb und außerhalb der Kirche. Sie sucht Christen und Nichtchristen. Wir können seine Erlösungsliebe in unserer Mitte gleichsam von oben und von unten betrachten: vom Herrn her und von der Kirche her.

Der Herr handelt durch sein Wort und in den Sakramenten der Kirche; all sein Wirken ist dienende Liebe.

Die Kirche wird gebaut durch die Dienste der Bruderliebe. Diese wirkt aktiv in Ämtern und pneumatischen Funktionen. Alle Ämter haben notwendig die Gestalt von

Diensten, sie sind ihrem Wesen nach Dienstfunktionen. Je mehr das Leben der Jünger Dienst unter anderen Diensten ist, desto wirklichkeitsgerechter ist es, desto mehr sind sie Organ der sich in die Welt verströmenden Erlöserliebe Christi“[3] – desto mehr reift aus ihnen die Frucht der Liebe, die bleibt, weil sie göttliches Leben ist.

Auch Benedikts Weg geht durch die Demut – den Dienmut – in die Liebe. Er schreibt: Wenn der Mönch alle Stufen auf dem Wege der Demut erstiegen hat, dann gelangt er alsbald zur vollendeten Gottesliebe. Aus dieser Liebe wird er alle Gebote – alle Wegweisungen des Herrn – ganz mühelos, gleichsam natürlich und aus Gewöhnung befolgen und so reiche Frucht bringen. (vgl. RB 7,67)

Wer liebt, der kehrt zu dir nach Haus
und ist der Nacht entrissen.
Er sendet neu mit dir sich aus
als Licht zu Finsternissen.
Du bist die Sonne, wir der Schein.
Wir können ohne dich nicht sein
und ohne dich nicht lieben.
Herz Jesu, Trost der ganzen Welt,
mach unser Herz zu deinem.
Nimm unsre Herzen ungezählt
und mache sie zu einem.
Lass uns den Hass, das bittre Leid
fortlieben aus der dunklen Zeit.
Lass uns dein Reich erscheinen.

(GL 844, 2 u. 3)

[1, 3] frei aus H. Schürmann „Geistliches Tun“, Benno-Verlag
[2] aus „Unsere Hoffnung“, 287

Hochfest Christi Himmelfahrt

Evangelium: Mk 16,15-20

Jesus sagte zu den Jüngern: Geht hinaus in die ganze Welt, und verkündet das Evangelium allen Geschöpfen! Wer glaubt und sich taufen lässt, wird gerettet; wer aber nicht glaubt, wird verdammt werden. Und durch die, die zum Glauben gekommen sind, werden folgende Zeichen geschehen: In meinem Namen werden sie Dämonen austreiben; sie werden in neuen Sprachen reden; wenn sie tödliches Gift trinken, wird es ihnen nicht schaden; und Kranke, denen sie die Hände auflegen, werden gesund werden.
Nachdem Jesus, der Herr, dies zu ihnen gesagt hatte, wurde er in den Himmel aufgenommen und setzte sich zur Rechten Gottes. Sie aber zogen aus und predigten überall. Der Herr stand ihnen bei und bekräftigte die Verkündigung durch Zeichen, die er geschehen ließ. (Auszug)

Der Herr stand ihnen bei und bekräftigte die Verkündigung durch Zeichen, die er geschehen ließ

Was heißt Himmelfahrt Christi?

„Es bedeutet den Glauben daran, dass in Christus der Mensch – das Wesen Mensch – an dem wir alle Anteil haben, auf eine unerhörte und neue Art eingetreten ist ins Innere Gottes.

Es bedeutet, dass der Mensch in Gott Raum findet auf immer. –

Der Himmel ist nicht ein Ort über den Sternen, er ist etwas viel Kühneres und Größeres: Der Mensch hat jetzt Platz in Gott; das hat seinen Grund im gekreuzigten und erhöhten Menschen Jesus, der in seiner Menschheit durchdrungen ist von der Gottheit. Christus, der Mensch, der in Gott ist, ewig eins mit Gott, ist der immerwährende Zugang des Menschen zu Gott. Er ist so das, was wir ‚Himmel' nennen; denn der Himmel ist kein Raum, sondern eine Person, die Person dessen, in dem Gott und Mensch für immer trennungslos eins sind.

Wir gehen in dem Maß auf den Himmel zu, ja, in den Himmel ein, in dem wir zugehen auf Jesus Christus und eintreten in ihn. Insofern kann ‚Himmelfahrt' ein Vorgang mitten in unserem Alltag werden."[1]

Die ‚Himmelfahrt' mitten im Alltag erlebten die Jünger, als sie das Evangelium verkündeten, und nicht nur die Jünger zur Zeit Jesu, sondern die Jünger aller Zeiten dürfen

1 vgl. J. Ratzinger, Dogma u.Verkündigung, München-Freiburg 1973, S. 363

diese Himmelfahrt immer wieder erleben. Denn der gegenwärtige Herr, der durch sie sein Wort verkündet, ist mit ihnen auf dem Weg. Er selbst trägt das Wort in aufnahmebereite Herzen. Er selbst pflanzt es dort ein – schenkt „Regen und Sonne" im Gottesgeist und bewirkt, dass es Frucht bringt. So bekräftigt er die Verkündigung auf wunderbare Weise durch Zeichen. Solche Zeichen können außergewöhnlich sein, oft ereignen sie sich aber still und zunächst unscheinbar.

Stille Zeichen seines Wirkens sind: Erfahrungen von Friede, Freude, Geborgenheit – Fürsorge für den Nächsten – Bereitschaft zur Vergebung – Sehnsucht nach Gott – Umkehr von Irrwegen – die zuversichtliche Annahme von Leid und Tod – neu aufleuchtender Lebenssinn – das Vertrauen in Gottes Barmherzigkeit, auch im Hinblick auf die Vergangenheit und Zukunft – das Verlangen, zuerst das Reich Gottes und seine Gerechtigkeit zu suchen.

„Gott suchen ist ein zentrales Anliegen der Regel Benedikts. Es ist die Antithese zu einem praktischen Atheismus, es ist der Kern eines ‚alternativen Lebens', das aus einem existenziellen Angesprochensein, ja einer intuitiven Schau der überwältigenden Größe wie der faszinierenden Liebenswürdigkeit Gottes stammt."[2]

Christus, der erhöhte Herr ist Weg, Wahrheit und Leben, und er schenkt die Gewissheit, dass sein Wort göttliches Leben vermittelt und uns zum Ziel unserer bewussten oder noch unbewussten Sehnsucht führt. Der Kirchenvater Kassian († 430) bemerkt: „Nach der lauteren und wahren Lehre des Herrn ist der königliche Weg mild und leicht, auch wenn er sich hart und streng ausnimmt."[3]

Die Erfahrung der liebenden und helfenden Gegenwart des Auferstandenen in allen Lebenssituationen schenkt tiefe, unbesiegbare Freude.

Wort des Lebens

Wort des Lebens,
menschgeworden in Jesus Christus, allgegenwärtig im Geist,
Gabe und Geber zugleich,
unverfügbar, aber Geschenk von Anbeginn.

Wort des Lebens,
zieh in mein Herz ein und mache es weit
für die Fülle deiner Gnade.

Wort des Lebens,
Ursprung in der göttlichen Dreifaltigkeit,
Quelle aller menschlichen Gemeinschaft,
untrennbar verbunden im Zeichen des Kreuzes.

Wort des Lebens
unerschöpfliches Licht,
du vertreibst die Finsternis
wie die Sonne am Morgen die Nacht verschlingt.

Wort des Lebens,
du Gott,Vater, Sohn und Heiliger Geist,
lass mich in deinem Lichte wandeln,
und erneuere mich durch deine Gnade. Amen.

(Beate Stöckigt)

[2,3] Heufelder, 230

7. Sonntag in der Osterzeit

Evangelium: Joh 17,11b-19

Heiliger Vater, bewahre die Jünger in deinem Namen, den du mir gegeben hast, damit sie eins sind wie wir. Solange ich bei ihnen war, bewahrte ich sie in deinem Namen, den du mir gegeben hast. Und ich habe sie behütet, und keiner von ihnen ging verloren, außer dem Sohn des Verderbens, damit sich die Schrift erfüllt. Aber jetzt gehe ich zu dir. Doch dies rede ich noch in der Welt, damit sie meine Freude in Fülle in sich haben. Ich habe ihnen dein Wort gegeben, und die Welt hat sie gehasst weil sie nicht von der Welt sind, wie auch ich nicht von der Welt bin. Ich bitte nicht, dass du sie aus der Welt nimmst, sondern, dass du sie vor dem Bösen bewahrst. Sie sind nicht von der Welt, wie auch ich nicht von der Welt bin. Heilige sie in der Wahrheit; dein Wort ist Wahrheit. Wie du mich in die Welt gesandt hast, so habe auch ich sie in die Welt gesandt. Und ich heilige mich für sie, damit auch sie in der Wahrheit geheiligt sind.

Heiliger Vater, heilige sie in der Wahrheit: dein Wort ist Wahrheit

„In diesem Gebet spricht nicht der vorösterliche Jesus, sondern der Herr, den der Evangelist als Erhöhten und Verherrlichten kennt und bekennt. Inspiriert sind die Worte und Anliegen jedoch vom historischen Jesus.

Der Meister bittet um die Heiligung seiner Jünger. Heiligung bedeutet: Aus dem profanen Bereich ausgesondert und dem Heiligen Geist übereignet werden. Nur an dieser Stelle wird das Adjektiv ‚heilig' im Hinblick auf den Vater (der der ganz Andere, Erhabene ist) und auf die Jünger angewendet. Sonst ist es im Johannesevangelium dem Heiligen Geist vorbehalten.

‚Wahrheit' ist hier – wie immer im vierten Evangelium – die Wirklichkeit des lebendigen, wahren Gottes. Für den Jünger kann sie erfahrbar werden, weil Jesus von ihr Kunde bringt im wahren, vom göttlichen Leben durchdrungenen Wort."[1]

Im Hohenpriesterlichen Gebet offenbart Jesus sein Herzensanliegen:

Er hat als ‚Fleisch'-gewordenes Wort den Vater offenbart. Durch ihn konnten das göttliche Sein und die göttliche Liebe erkannt und erfahren werden. Er hat gezeigt und vorgelebt, wie Gott uns Menschen – auch in unserer sündigen Daseinsweise – bejaht und annimmt, wie er unsere Freiheit akzeptiert. Weil Jesus im Ja der Liebe blieb

---

[1] frei nach J. Pfammatter, aus „Unsere Hoffnung"

und auf Gewalt verzichtete, hasste ihn die Gott-feindliche Welt und tötete ihn. Das bedeutete: Jesus ließ sich heiligen – er ließ sich endgültig aus der profanen, Gott-widrigen Welt aussondern, um in einer neuen Daseinsweise seinen Jüngern in der Wahrheit des göttlichen Lebens nahe zu sein, damit auch sie – getrennt von allem Bösen – geheiligt werden.

Denn jetzt will Gott durch seine Jünger in der Welt erkannt und erfahrbar werden; jetzt sollen sie im Heiligen Geist den Vater offenbaren.

Diese neue, tiefe Verbundenheit zwischen Jesus und den Jüngern ist jedoch immer wieder durch weltliche Einflüsse gefährdet. Nur wenn die Jünger – damals und auch heute – betend das wahre göttliche Wort beherzigen und es in die Tat umsetzen, können sie im göttlichen Leben bleiben. Dann hindern selbst Hass und Verfolgung sie nicht daran, wofür es viele Zeugen, z. B. aus Konzentrationslagern, gibt.

Der erhöhte Herr ist seinen Jüngern fürbittend nahe. Er erbittet vom Vater die Vollendung des begonnenen Heilswerkes zum Lob und Ruhme seines Namens.

Benedikt öffnet sich dem Herzensanliegen seines Meisters:

„Er nennt die gemeinsamen Gebetszeiten ‚Opus Dei' (Werk für Gott) und ‚Opus Divinum' (Werk Gottes), weil es einerseits um die Anbetung und den Lobpreis Gottes geht – seine Anerkennung durch den Menschen – und andererseits auch um das Werk Gottes in der Tiefe unseres Herzens, das er durch den Heiligen Geist in uns wirkt. –

So hat der Mönchsvater das richtige Sein des Jüngers vor Gott im Blick, nicht nur sein äußeres Verhalten. Die Übereinstimmung von innen und außen wurde zu einer Zielvorstellung benediktinischer Lebensgestaltung über den Gottesdienst hinaus."[2]

Bleiben

Herr, lass mich bleiben in deiner Liebe,
mit deinem Wort als Anker
und deinen Weisungen als Stab.
Halte die Sehnsucht in meinem Herzen wach
nach vollkommener Gemeinschaft mit dir.

Herr, lass mich bleiben in deiner Wahrheit,
vertrauen auf dein Wort der Vergebung,
standhaft sein in den Versuchungen der Welt,
wachsam gegenüber falscher Lehre.
Halte den Glauben in meinem Herzen wach
an deine Verheißung in meiner Berufung.

Herr, lass mich bleiben im Geheimnis der Dreifaltigkeit,
gestärkt durch Wort und Sakrament in der Wüste,
verbunden mit den Schwestern und Brüdern
in deinem Leib, der Kirche.
Halte die Freude in meinem Herzen wach
auf die Vollendung in deinem Reich. Amen

(Beate Stöckigt)

---

[2] vgl. Einleitung zur RB, 41, Beuroner Kunstverlag

Pfingstsonntag

Evangelium: Joh 20,19-23

Am Abend des ersten Tages der Woche, als die Jünger aus Furcht vor den Juden die Türen verschlossen hatten, kam Jesus, trat in ihre Mitte und sagte ihnen: Friede sei mich euch! Nach diesen Worten zeigte er ihnen seine Hände und seine Seite. Da freuten sich die Jünger, dass sie den Herrn sahen. Jesus sagte noch einmal: Friede sei mit euch! Wie mich der Vater gesandt hat, so sende ich euch. Nachdem er das gesagt hatte, hauchte er sie an und sprach zu ihnen: Empfangt den Heiligen Geist! Wem ihr die Sünden vergebt, dem sind sie vergeben; wem ihr die Vergebung verweigert, dem ist sie verweigert.

Empfangt den Heiligen Geist! Wem ihr die Sünden vergebt, dem sind sie vergeben

(Fortsetzung vom 2. Sonntag nach Ostern):

„Soweit es euch möglich ist, haltet Frieden mit allen Menschen", schreibt Paulus an die Gemeinde in Rom. (12,18)

Soweit es euch möglich ist ... Auch für den gutwilligsten Menschen ist es oft schwer Frieden zu halten, wenn es anderen nicht gefällt, wenn seine Mitmenschen ihren inneren Unfrieden durch Streitsucht abzureagieren versuchen.

Hier kann der Friede nur einseitig durch ständige Vergebung aufrecht erhalten werden. Aber auch durch Missverständnisse, unterschiedliche Mentalitäten und Lebensgewohnheiten kann es zum Unfrieden kommen.

Woher nehmen wir jedoch die Fähigkeit, vergeben zu können, wenn wir ebenso Vergebung brauchen?

„Empfangt den Heiligen Geist", sagt Jesus seinen Jüngern, und das sagt er heute auch zu uns. Empfangt ihn durch den Hauch meines Mundes, durch meinen Atem, durch meine Lebenskraft: Der Heilige Geist ist meine Lebenskraft.

„Das griechische Wort für einhauchen ‚emphysao' wird in der Genesis für Gottes Schöpfungsakt gebraucht. Der Atem Gottes weckt das Leben in aller Schöpfung. So ist das Anhauchen Jesu etwas Schöpferisches. Jesus schafft mit seinem Geist in uns eine neue Wirklichkeit.

In dieser neuen Wirklichkeit ist Vergebung möglich, weil sie auch uns immer wieder von Gott her geschenkt wird. Gottes Ja ist stärker als alles menschliche Nein."[1]

Durch Gottes Geist bekommen wir die Chance neu anzufangen. Wir dürfen wieder aufrecht vor ihm stehen, ihm ins Angesicht blicken.

„Nach dem Alten Testament war die Vollmacht, Sünden zu vergeben, ausschließlich Vorrecht Gottes. Der auferstandene Herr überträgt sie Ostern auch der Kirche; sie hat gleichsam Anteil an der hoheitlichen Macht Gottes. Er gibt sozusagen seine Privilegien aus der Hand und nimmt den Menschen ernst, so ernst, dass er ihn zum Partner seiner neuen Schöpfung macht. Gott will nicht allein die Gnade des neuen Anfangs schenken; er will, dass auch Menschen sich gegenseitig diese Chance zusprechen dürfen.“[2]

Deshalb hat die Vergebung, die wir einander schenken, auch vor Gott Gültigkeit.

Um vergeben zu können, ist es jedoch in unserer sündigen Existenz nötig, dass wir uns stets neu dem Gottesgeist öffnen, der uns dazu befähigt. Wir dürfen ihn im Bußsakrament empfangen; denn hier sagt der Auferstandene: Deine Sünden sind dir vergeben. Geh hin in Frieden! Er gibt uns seinen österlichen Frieden, damit wir ihn weiterschenken.

Das Bußsakrament sowie alle Sakramente sind Quellen des Gottesgeistes. Weil der Hl. Geist uns dadurch mit neuem Leben erfüllt, wird er mit Leben-spendendem Wasser verglichen.

So lädt der Prophet Jesaja heute, am Pfingstfest, ein:

„Auf, ihr Durstigen, kommt alle zum Wasser! Auch wer kein Geld hat, soll kommen. Warum bezahlt ihr mit Geld,

---

1 A. Grün „Die Osterfreude auskosten“ 75, Vier-Türme-Verlag
2 „Unsere Hoffnung Gottes Wort“, 319 ff.

was euch nicht nährt, mit dem Lohn eurer Mühe, was euch nicht satt macht? Neigt euer Ohr mir zu und kommt zu mir. Hört, dann werdet ihr leben.“ (RB Kap. 55)

Auch wer kein Geld hat, darf kaufen! Welch verlockende Einladung! Wie glücklich fühlen sich Menschen, wenn sie eine Ware zu herabgesetztem Preis erstehen! Und hier ist das Angebot ganz ohne Geld! Vor aller Leistung und trotz aller Schuld dürfen wir den Gottesgeist, den Herzensfrieden empfangen! Wie oft bemühen wir uns unter großem Aufwand an materiellem und personellem Einsatz um Glück und Zufriedenheit: Aber wie flüchtig und vergänglich ist oft das Ergebnis!

Der auferstandene Herr will uns heute am Pfingstfest wieder seinen Geist des Friedens geben, der uns von keinem Menschen und durch kein Ereignis genommen werden kann, solange wir uns ihm öffnen.

Komm, Heilger Geist, der Leben schafft,
erfülle uns mit deiner Kraft.
Dein Schöpferwort rief uns zum Sein:
nun hauch uns Gottes Odem ein.
Die Macht des Bösen banne weit,
schenk deinen Frieden allezeit.
Erhalte uns auf rechter Bahn,
dass Unheil uns nicht schaden kann.
Lass gläubig uns den Vater sehn,
sein Ebenbild, den Sohn verstehn
und dir vertraun, der uns durchdringt
und uns das Leben Gottes bringt.

(GL 241, 1, 5 und 6)

Pfingstmontag

Evangelium: Lk 10,21-24

In dieser Stunde rief Jesus, vom Heiligen Geist erfüllt, voll Freude aus: Ich preise dich, Vater, Herr des Himmels und der Erde, weil du all das den Weisen und Klugen verborgen, den Unmündigen aber offenbart hast. Ja, Vater, so hat es dir gefallen. Mir ist von meinem Vater alles übergeben worden; niemand weiß, wer der Vater ist, nur der Sohn und der, dem es der Sohn offenbaren will.

Jesus rief vom Heiligen Geist erfüllt, voll Freude aus: Ich preise dich Vater, weil du all das den Kleinen offenbart hast

„Zu den Kleinen – den Unmündigen – gehörten zur Zeit Jesu das einfache Volk und auch die Jünger. Diese wurden von den Pharisäern und Schriftgelehrten verachtet, weil sie nicht schriftkundig waren und sich im Gesetz nicht auskannten.

Um Jünger JESU zu werden, war und ist es aber nicht erforderlich, ein Mensch von außergewöhnlich – intellektuellen Qualitäten zu sein. Was zählt, ist weder geistige noch sittliche Eignung, sondern es ist ein Anruf, dessen Initiative bei Jesus liegt und beim Vater, der Jesus seine Jünger ‚gibt' und ihnen das Mysterium des Sohnes offenbart."[1]

Die Offenbarung ereignet sich nicht durch das Studium, sondern durch persönliche Herzensverbundenheit mit dem Meister; sie ist Herzenserkenntnis im Heiligen Geist, den der Vater schenkt.

Der Heilige Geist im Herzen Jesu und der Heilige Geist im Herzen der Jünger begegnen sich, vereinen sich, sind ein Geist im Jubelruf Jesu, im dankenden Lobpreis. In solcher Einheit kann Jesus zu seinen Jüngern sagen: Wer euch hört, der hört mich und wer euch aufnimmt, der nimmt mich auf; wer aber mich aufnimmt, der nimmt den auf, der mich gesandt hat. (Lk 10,16, Joh 13,20)

„Diese Verheißung an die Jünger überträgt Benedikt auf den Abt und auf die Mönche im Kloster. (RB 5,6) Das Horchen und Gehorchen ist ein Hören auf Christus, auf seinen österlichen Ruf zur Umkehr, zum Glauben und zur Taufe."[2]

Wer sich bekehrt – wer von seinem Hochmut, in dem er alles von sich und seiner eigenen Leistung erwartet – herabsteigt, wer zu den „Kleinen" gehören will – der horcht auf die gütige Stimme des Herrn und will ihr folgen.

Thomas von Kempen erkannte, dass die Wahrheit – der Gottesgeist – ohne viel Lärm in den Jüngern, den „Kleinen" spricht, als er folgendes Gebet schrieb: „Rede, Herr, dein Diener hört. – Nicht Mose oder einer der Propheten rede zu mir. Du, o Herr, du, mein Gott, rede zu mir. Denn du bist das Licht, das alle Propheten erleuchtet; du bist der Geist, der aus allen Propheten gesprochen hat. Du kannst allein mich vollkommen unterweisen; sie aber vermögen ohne dich nichts. – Die Menschen können zwar hochklingende Worte sprechen; aber den Geist geben sie nicht. – Lieblich dem Ohre ist, was sie sprechen; aber das Herz der Hörenden bleibt kalt dabei, wenn du nicht mitsprichst. – Buchstaben lehren sie; aber den Sinn öffnest du. – Geheimnisse verkünden sie; aber den Schlüssel, der die Geheimnisse aufschließt, den hast du. Du allein schließest auf, was verschlossen ist. – Gebote verkünden sie im Lande; aber Kraft, sie zu halten, gibst du. – Auf den Weg weisen sie mit dem Finger; aber Kraft, den Weg zu gehen, gibst du. – Sie wirken nur von außen; aber du wirkst im Innern, unterweisest und erleuchtest die Herzen. – Sie begießen nur von außen; du gibst das Gedeihen im Innern. Sie bringen den Schall des Wortes in das Ohr; du die Einsicht, dass wir auch verstehen, was wir hören. – Also nicht Mose rede zu mir, sondern du, mein Herr und Gott, du, die ewige Wahrheit, rede zu mir."[3]

Nur den „Kleinen", den Hungrigen, den Fragenden und Suchenden offenbart der Heilige Geist das Christusgeheimnis. – Der Apostel Paulus sagt dazu:

„Seht doch auf eure Berufung, Brüder! Da sind nicht viele Weise im irdischen Sinn, nicht viele Mächtige, nicht viele Vornehme, sondern das Törichte in der Welt hat Gott erwählt, um die Weisen zuschanden zu machen, und das Schwache in der Welt hat Gott erwählt, um das Starke zuschanden zu machen. Und das Niedrige in der Welt und das Verachtete hat Gott erwählt; das, was nichts ist, um das, was etwas ist, zu vernichten, damit kein Mensch sich rühmen kann vor Gott.

Von ihm her seid ihr in Christus Jesus, den Gott für uns zur Weisheit gemacht hat, zur Gerechtigkeit, Heiligung und Erlösung.

Wer sich also rühmen will, der rühme sich des Herrn, so heißt es schon in der Schrift." (1 Kor 1,26-31)

Die „Kleinen" dürfen sich im Herrn rühmen, denn Gottes Liebe ist in ihre Herzen ausgegossen durch den Heiligen Geist, halleluja!

Es segne dich Gott, der Vater;
er sei der Raum, in dem du lebst.
Es segne dich Jesus Christus, der Sohn;
er sei der Weg, auf dem du gehst.
Es segne dich Gott, der Heilige Geist;
er sei das Licht, das dich zur Wahrheit weist.

(Irischer Segenswunsch)

---

1 nach WBBB S. 363
2 Heufelder S. 85
3 Nachfolge Christi, S. 118

Dreifaltigkeitssonntag

Evangelium: Mt 28,16-20

Die elf Jünger gingen nach Gäliläa auf den Berg, den Jesus ihnen genannt hatte. Und als sie Jesus sahen, fielen sie vor ihm nieder. Einige aber hatten Zweifel. Da trat Jesus auf sie zu und sagte ihnen: Mir ist alle Macht gegeben im Himmel und auf der Erde. Darum geht zu allen Völkern und macht alle Menschen zu meinen Jüngern, tauft sie auf den Namen des Vaters und des Sohnes und des Heiligen Geistes und lehrt sie alles zu befolgen, was ich euch geboten habe. Seid gewiss: Ich bin bei euch alle Tage bis zum Ende der Welt.

Macht alle Menschen zu meinen Jüngern, tauft sie auf den Namen des Vaters und des Sohnes und des Heiligen Geistes

Das griech. Wort für „taufen" meint in seiner Grundbedeutung „eintauchen", im Wasser untertauchen. Wer kein Wasser hat, muss verdursten und sterben. Durch dieses wichtigste Lebenselement will Christus uns in der Taufe sein Leben, das übernatürlich-göttliche Leben, schenken.

Im Buch Genesis heißt es: „Der Geist Gottes schwebte über den Wassern." Dieser Gottesatem entweht in der Osternacht auch dem Mund des Priesters und haucht seine göttliche Kraft dem Taufwasser ein. Zum Zeichen dafür senkt der Priester dreimal die Osterkerze in das Wasser und betet: „Durch deinen Sohn, o Gott, steige hinab in dieses Wasser die Kraft des Heiligen Geistes."

In der Urkirche gab es (entsprechend dem dreimaligen Einsenken der Osterkerze) ein anderes Taufzeremoniell als in unserer Zeit. Der Täufling – meistens handelte es sich um erwachsene Menschen – tauchte dreimal in das Wasser hinab, so dass die Wellen ihn bedeckten. Dann wurde er gesalbt und weiß gekleidet und durfte sich als Glied der Kirche den Gläubigen anschließen. So wurde die Auferstehung Christi für alle bildhafte Gegenwart.

Schon im Alten Testament finden sich typologische Vorzeichen für die Taufe, z. B. der Durchzug durch das Rote Meer (Ex 14,15-25). Der Apostel nennt ihn Vorbild der Taufe, in der wir mit Christus gestorben und auferstanden sind. Deshalb wurde die Taufe ursprünglich auf den „Namen Jesu Christi" vollzogen.

Nach dem Tauf-Auftrag des heutigen Evangeliums wird sie jetzt auf den Namen des Dreifaltigen Gottes, des Vaters und des Sohnes und des Heiligen Geistes gespendet. (Hier verbindet sich – im begleitenden Wort – ein geistlicher Inhalt mit einem äußeren Zeichen zu einer heiligen Handlung – einem Sakrament.)

Die Formel „auf den Namen“ stammt aus dem antiken Bankwesen und bedeutet dasselbe wie unsere Bezeichnung „auf das Konto des …“

Taufe auf den Namen Gottes besagt also: Der Mensch, der dem Tod verfallen war, ist jetzt Eigentum des lebendigen, dreieinigen Gottes, aus dessen Hand ihn nichts und niemand mehr reißen wird. (Röm 8,38,39)

Der dreifaltige Gott:

Die christliche Lehre vom dreieinigen Gott will nichts anderes sein als ein Bekenntnis zu dem, was in der Bibel von der Offenbarung Gottes gesagt ist. Im obigen Taufbefehl findet sich die wesentliche dreigliedrige Bekenntnisaussage. Hinter der dreifachen Formel steht die Überzeugung, dass Gott im Sohn wie im Geist gegenwärtig ist, und zwar unvermindert als der Gott, der handelt, der sich uns Menschen zuneigt und mit seiner Liebe sucht.

Die Liebe zwischen Gott und dem Menschen hat ihre Quelle in der Liebe des Vaters und des Sohnes, die auch die Liebe des Geistes ist. Aus der dreifaltigen Liebe Gottes strömt für uns die Erkenntnis, dass der dreieinige Gott seinem innersten Wesen nach Liebe ist.

Vor dieser Liebe verneigen sich benediktinische Gemeinschaften ehrfürchtig und oft im Stundengebet. Benedikt war das ein Herzensanliegen, als er schrieb: „Sobald der Vorsänger das ‚Ehre sei dem Vater' anstimmt, erheben sich sofort alle von ihren Sitzen, aus tiefer Ehrfurcht vor der heiligen Dreifaltigkeit." (RB 9,7)

Im „Ehre sei dem Vater und dem Sohn und dem Heiligen Geist" ehren wir Christen den dreieinigen Gott – im Gebeten – in Eucharistiefeiern – auch in der Osternacht, nachdem wir unser Taufgelübde erneuerten.

In dieser geheiligten Nacht erinnern wir uns daran, dass wir in der Taufe mit Christus den alten Menschen in uns begraben haben. Wir sind mit dem erhöhten Herrn schon zu neuem Leben erstanden. Deshalb versprechen wir mit brennenden Kerzen in der Hand unsere Bereitschaft zu einem beständigen Leben als Getaufte. – Das können wir versprechen, weil Christus seiner Kirche im Heiligen Geist helfend und heilend verbunden bleibt.

Wir können es versprechen, weil er uns zuvor versprochen hat:

Siehe, ich bin bei euch, alle Tage bis zur Vollendung der Welt.

Wir sind getauft auf Christi Tod
und auferweckt mit ihm zu Gott.
Uns ist geschenkt sein Heilger Geist,
ein Leben, das kein Tod entreißt.
Wir schauen auf zu Jesu Christ,
zu ihm, der unsre Hoffnung ist.
Wir sind die Glieder, er das Haupt;
erlöst ist, wer an Christus glaubt.

(GL 220, 2 u. 3)

Gedanken und Zitate nach div. Lexika u.nach Aemiliana Löhr OSB, Herstelle

Hochfest des Leibes und Blutes Christi

Evangelium: Mk 14,12-16.22-26

Die Jünger gingen in die Stadt und bereiteten das Paschamahl vor.
Während des Mahls nahm Jesus das Brot und sprach den Lobpreis; dann brach er das Brot, reichte es ihnen und sagte: Nehmt, das ist mein Leib. Dann nahm er den Kelch, sprach das Dankgebet, reichte ihn den Jüngern, und sie tranken alle daraus. Und er sagte zu ihnen: Das ist mein Blut, das Blut des Bundes, das für viele vergossen wird. Amen, ich sage euch: Ich werde nicht mehr von der Frucht des Weinstocks trinken bis zu dem Tag, an dem ich von neuem davon trinke im Reich Gottes. (22-25)

Ich werde nicht mehr von der Frucht des Weinstocks trinken bis zu dem Tag, an dem ich von neuem davon trinke im Reich Gottes

Jesus feierte mit seinen Jüngern Paschamahl. Die beiden wichtigsten Elemente dieses Mahles sind überliefert: das Brot am Anfang und der dritte Kelch am Schluss.

Indem Jesus die Worte sagte: Ich werde nicht mehr von der Frucht des Weinstocks trinken, da war ihm in aller Klarheit bewusst, dass er selbst das geopferte Osterlamm sein würde, und zwar zur gleichen Zeit wie das traditionelle jüdische Paschalamm. Schon die Tatsache, dass Brot und Wein während des Mahles voneinander getrennt wurden, deutete die Hingabe des Leibes und des Blutes an. Jesus stellte seinen nahen Tod als ein Opfer dar – vergleichbar den Opfertieren, deren Blut am Sinai den ersten Bund Gottes mit den Menschen besiegelte.

Als Jesus vom Blut sprach – das für die ‚Vielen' im Hinblick auf einen Neuen Bund vergossen würde –, da dachte er sicher auch an den Knecht Jahwes, dessen Lebensblut vergossen wurde, weil er die Sünden von ‚Vielen' trug. (Is 53,12) Diesen Knecht bestellte Gott zum ‚Bund des Volkes und zum Licht der Heiden.' (Is 42,6) Jesus gab zu verstehen, dass sein unmittelbar bevorstehender Tod an die Stelle der Opfer des Alten Bundes treten werde. Darin wird er die Menschen befreien, aber nicht aus der zeitlichen Gefangenschaft, sondern aus der Sünde, die von Gott trennt. Er wird den Neuen Bund im Heiligen Geist mit den Menschen schließen."[1]

Erst, wenn dieser Neue Bund geschlossen ist, wird Jesus mit seinen Jüngern wieder Mahl halten und den Kelch trinken. –

Der Neue Bund in Jesus Christus ist das Reich Gottes unter uns Menschen, das Reich des Vaters. Das Brot, das der erhöhte Herr darin austeilen lässt, ist er selbst im Heiligen Geist, im Kelch mit Wein, den er im Gottesreich weitergeben lässt, schenkt er sein göttliches Leben.

So empfangen die Jünger im Eucharistischen Mahl ihren auferstandenen Herrn. Ihre Herzensaugen öffnen sich und sie erkennen den geliebten Meister. Sie werden auf eine ganz neue Art und Weise mit ihm vereinigt. Ihre tiefste Sehnsucht ist erfüllt, weil sie wieder mit Gott verbunden sind.

Im Mysterium der Eucharistie will der auferstandene Herr von nun an seinen Jüngern zu allen Zeiten nahe sein. Deshalb schließt er auch mit uns den Neuen Bund, in dem auch wir zum Eucharistischen Mahl kommen dürfen.

Bischof Ambrosius (4. Jh.) lädt dazu mit folgenden Worten ein:

„Da ist ein Brunnen, wo Christus ist, ein Brunnen mit überströmenden Wassern für alle, die nur immer danach verlangen.

Geh zu Christus. Er ist der Fels, aus dem Wasser geflossen ist.

Trinke Christus. Er ist die Lebensquelle.

Trinke Christus. Er ist der Friede.

Trinke Christus. Wasserbäche sprudeln aus seinem Innern.

Trinke Christus, womit du sein Wort trinkst.

Trinke schnell von diesem Wasser, und es wird ein großes Licht dir aufleuchten. Nicht ein gewöhnliches Licht,

nicht das natürliche Tageslicht, nicht das Licht der Sonne oder des Mondes, sondern ein Licht, das die Schatten des Todes verscheucht.
Meine Nahrung kommt nicht aus dem Segen des Regens und nicht aus der Frucht dieser Erde und nicht aus den Früchten der Bäume. Und meinen Trank suche ich nicht aus Flüssen und Quellen.
Christus ist meine Speise, Christus mein Trank. Zu meiner Sättigung brauche ich nicht erst die Jahresernte abwarten,
Christus reicht mir täglich sein Brot.
Jesus selbst teilt die Speise aus. Allen will er davon geben, keinen davon ausschließen.
Christus nährt mit diesem Sakrament seine Kirche, und er verleiht den Seelen Festigkeit und Kraft.
Wo Christus, da ist der Heilige Geist und wo der Heilige Geist, da ist Christus."[2]

O heilger Leib des Herrn,
für unser Heil und Leben
am Kreuz dahingegeben,
hier bist du uns nicht fern.
Du willst uns Speise sein,
um mit uns schon auf Erden
ein Leib und Geist zu werden
im Mahl von Brot und Wein.
Du unser Osterlamm,
du hast dein Blut vergossen;
dein Herz ist aufgeschlossen,
aus dem uns Leben kam.
Du bist das Licht der Welt.
Du bist zu uns gekommen
und die dich aufgenommen,
die sind durch dich erhellt.
O Licht vom ewgen Licht,
du lebst in uns verborgen
bis uns der helle Morgen
der Herrlichkeit anbricht.

(GL 538,1-3.6,7)

[2] Ambrosius von Mailand, 4. Jh.,Verlag Butzon & Bercker
[1] vgl. WBB 157 ff.

Holzherr, Georg „Die Benediktsregel“,
Benziger-Verlag, ISBN 3-545-20066-3

Prakt. Bib. Lex. = Praktisches Bibel-Lexikon,
herausgegeben von A. Grabner-Haider,
Herder-Verlag, ISBN 3-451 14819-6

Unsere Hoffnung = „Unsere Hoffnung – Gottes Wort“, (A-B-C)
herausgegeben von Konrad Baumgartner und
Otto Knoch,
Knecht-Verlag, ISBN 3-7820-0568-6

WBBB = Wörterbuch zur biblischen Botschaft,
herausgegeben von Xavier Leon-Dufour,
Herder-Verlag Freiburg 1981